© 2017 Manfred Voigt
Umschlaggestaltung: Michael Tewes
Bilder: Andreas Gockel, Marco Petoletti
im Selbstverlag

ISBN: 978-3-7450-7647-9
Druck: epubli, ein Service der neopubli GmbH, Berlin

Bibliografische Information der Deutschen Nationalbibliothek:
Die Deutsche Nationalbibliothek verzeichnet diese Publikation in der Deutschen Nationalbibliografie; detaillierte bibliografische Daten sind im Internet über http://dnb.d-nb.de abrufbar.

Manfred Voigt

Ambrosius von Mailand

Eine Begegnung mit dem Bischof
und seinen Hymnen

Inhalt

III. Das Gespräch

Vorbemerkung

Er gehört zu den Persönlichkeiten der Kirchengeschichte, die beeindrucken und überzeugen können. Mit Augustinus, Hieronymus und Gregor ist er einer der vier Kirchenväter des Abendlandes. Er prägt bis heute die westliche, die lateinische Kirche, z. B. wie wir das Verhältnis von Staat und Kirche sehen und wie wir die Lehre von Gott und Christus verstehen. Mit seinen Hymnen begann eine neue Art des Singens im Gottesdienst. Als Bischof lebte er bescheiden. Nach seiner Wahl stiftete er sein ganzes Vermögen, um Arme und Kranke zu unterstützen. Seine Predigten zu lesen, ist auch heute noch ein Gewinn.

Ich muss zugeben, ich wusste nicht viel über ihn: „Ambrosius? Den Namen habe ich schon mal gehört." So ähnlich kann man es auch von Pfarrern hören. Natürlich hatte ich für das Examen den entsprechenden Abschnitt in einem Kompendium der Kirchengeschichte gelesen. Aber danach ...

Erst im Ruhestand begegnete er mir wieder, der berühmte und doch fast unbekannte Kirchenvater des Abendlandes. Ich nahm ein Buch in die Hand, das ich vor Jahrzehnten erworben hatte – zur Erinnerung an Andreas Schwerd. Er war der Prüfungsleiter gewesen, als ich das Graecum ablegte (die Sprachprüfung in Altgriechisch für das Theologiestudium). Sein Werk „Hymnen und Sequenzen" enthält lateinische Dichtungen aus der Frühzeit der Kirche bis ins hohe Mittelalter. Das interessierte mich jetzt. Ich vertiefte mich in einzelne Choräle, kam aber über die ersten zehn Seiten nicht hinaus. Bei den Hymnen des Ambrosius blieb ich hängen. Was war das? Klassisch in der Form! Tiefgründig in der Aussage! Großartige Naturbeobachtung! Gebetete Dogmatik! Innige Liebe zu Jesus! Demütige Erkenntnis der eigenen Erlösungsbedürftigkeit! Das „Lied zum Hahnenschrei" – was wird da alles zum Klingen gebracht? Welche Assoziationen verbindet der Dichter mit dem anbrechenden Tag, der Schritt für Schritt die Dunkelheit vertreibt!

Martin Luther hat Ambrosius verehrt. Sein Advents- und Weihnachtslied, das mit der sehnsüchtigen Bitte „Nun komm, der Heiden Heiland ..." beginnt, ist die Übersetzung eines ambrosianischen Hymnus.

Das Buch von Ernst Dassmann „Ambrosius von Mailand. Leben und Werk" verhalf mir zum besseren Verständnis und zu einer intensiven Begegnung. Vor allem aus diesem Buch bezog ich mein Wissen über den großen Bischof und Glaubenszeugen.

Es wurde mir noch geschenkt, den Ort zu besuchen, an dem Ambrosius gewirkt hatte: Mailand. Schwiegersohn Andreas Gockel und Tochter Barbara organisierten die Reise. Wir waren in der Basilica di Sant'Ambrogio, einer frühromanischen Kirche, deren Vorgängerin von Ambrosius erbaut worden war. Hier ruht er in der Krypta neben den Märtyrern Gervasius und Protasius. In der Kapelle San Vittore beim rechten Querschiff gelegen, sahen wir das Mosaik, das ziemlich authentisch das Aussehen des Bischofs wiedergibt. Es gelang auch, ein Gespräch in der Biblioteca Ambrosiana zu arrangieren. Monsignore Francesco Braschi verdanke ich einige wertvolle Hinweise. Auf seine Vermittlung erhielt ich von Monsignore Marco Petoletti von der Biblioteca Capitolare della Basilica di Sant'Ambrogio die Fotos von mittelalterlichen Abschriften der Hymnen „Aeterne rerum Conditor" und „Intende qui regis". Auch dafür Dank! Andreas Gockel machte die Fotos auf dem Einbanddeckel und half bei der Gestaltung des Textes am PC. Frau Renate Gockel suchte nach Druckfehlern. Für alle Hilfe sage ich herzlichen Dank.

Was war mein Anliegen bei diesem Buch?

Das Leben und die Schriften des Ambrosius sind gut erforscht. Es gibt über ihn eine fast unüberschaubar große Zahl an wissenschaftlichen Veröffentlichungen. Ich möchte keine weitere hinzufügen. Es geht mir um eine Begegnung des Kirchenvaters mit uns Christen von heute. Ich denke, er kann uns manches sagen, besonders uns Evangelischen, die wir mit Aufwand (und doch ziemlich oberflächlich) das 500jährige Reformationsgedächtnis begehen. Die Reformatoren haben Ambrosius häufig zitiert. Sie wollten deutlich machen, dass sie nicht nur mit der Heiligen Schrift, sondern auch mit den Lehrern der frühen Kirche überein-stimmen. Ambrosius aber ruft uns vielleicht zu: „Ach, ihr Protestanten! Wohin habt ihr euch verirrt!"

Zu einer Begegnung mit dem großen Kirchenlehrer soll dieses Buch helfen, zu einer Rückbesinnung auf das, was christlicher Glaube und Kirche sein sollen.

Dafür habe ich drei Abschnitte geplant. Zuerst erzähle ich von seiner Frömmigkeit und von seinem Wirken als Bischof in Mailand. Im zweiten Teil findet sich das Wertvollste, das uns Ambrosius hinterlassen hat, seine Hymnen. In einem dritten Teil bringe ich ein (erfundenes) Gespräch des Bischofs mit einem liberalen protestantischen Pfarrer, den ich „Christian Haereth" nenne.

I. Ambrosius, authentischer Christ und großer Bischof [1]

1. Die Zeit, in der er lebte

Das vierte Jahrhundert nach Christus war eine unruhige Zeit, eine Zeit der Umbrüche und Kämpfe. Und es wurden damals Entscheidungen getroffen, die für die nachfolgende Geschichte und bis heute richtungsweisend und prägend sind. Nach Jahrhunderten blutiger Verfolgung gewährte Kaiser Konstantin im Jahr 313 Religionsfreiheit auch für den christlichen Glauben. Zuvor galten Christen im römischen Reich als Staatsfeinde. Sie hatten sich geweigert, den Kaiser als Gott zu verehren, und sie machten sich verdächtig und verhasst, weil sie sich in ihren Sitten und Anschauungen nicht dem allgemeinen Trend anpassten. Ungezählte starben den Märtyrertod oder wurden zu Zwangsarbeit verurteilt. Noch mehr Christen versuchten, durch Zugeständnisse der Strafe zu entgehen. Die Gemeinden waren aufgewühlt, innerlich zerrissen und immer wieder auch hilflos vor der Übermacht des Weltreiches, dessen Grenzen von Spanien bis nach Persien, von Britannien bis nach Nordafrika reichten.

Das Verhältnis Staat / Kirche wandelte sich nun mit atemberaubender Geschwindigkeit: In den ersten Jahren des vierten Jahrhunderts erlitt die Kirche unter dem Kaiser Diokletian die schlimmsten Verfolgungen. Einige Jahre später erlaubte Kaiser Konstantin das Christentum. Dagegen förderte Kaiser Julian Apostata (361 - 363) die heidnischen Kulte und suchte den Einfluss der Kirche zurückzudrängen. Kaiser Theodosius machte um 390 das Christentum zur Staatsreligion.

Die Kirche war damals, was die Lehre betraf, keine Einheit. Es gab unterschiedliche Richtungen und Sekten, die sich bekämpften. Der wichtigste Streitpunkt war die Frage: Wer ist Christus? Ein besonderer Mensch oder Gott? Gott ähnlich oder Gott gleich? Und was ist vom Heiligen Geist zu lehren? Ist er nur eine unpersönliche Kraft? Oder Gott wie der Vater und der Sohn? Und wie kann man sagen, dass Christen nicht an drei Götter, sondern an *einen* Gott glauben?

Die Kirchensynoden von Nizäa (im Jahr 325) und von Konstantinopel (im Jahr 381) fassten

---

[1] Ich halte mich in diesem ersten Teil besonders an das Buch von Ernst Dassmann „Ambrosius von Mailand. Leben und Werk", Stuttgart 2004.

dazu Beschlüsse, die bis heute als das fundamentale Bekenntnis der Kirche gelten. Ambrosius kämpfte in Mailand für dieses Bekenntnis.

Noch etwas bestimmte das vierte Jahrhundert: Es war das Gefühl der Menschen, in einer untergehenden Welt zu leben. Die Angst vor den „Barbaren" war allgemein. Die Völkerwanderung hatte begonnen. Die germanischen Stämme durchbrachen die Grenzen des römischen Reiches und strömten in die Balkanländer, nach Frankreich, Spanien, Italien und selbst nach Nordafrika. Die Kaiser versuchten die Einwanderer zu integrieren. Aber das gelang immer weniger. Im westlichen Europa entstanden germanische Reiche. Nur das oströmische Reich mit der Hauptstadt Konstantinopel hielt sich noch etwa tausend Jahre.

2. Die Familie des Ambrosius, seine Jugendzeit in Rom

Ambrosius entstammte einer römischen Adelsfamilie. Sein Vater war einer der drei höchsten Beamten des Reiches. Als Präfekt der gallischen und germanischen Provinzen unterstand er nur dem Kaiser. Der Amtssitz war Trier, und hier wurde Ambrosius geboren, wahrscheinlich im Jahr 334 n. Chr.

Seine adelige Abstammung kehrte Ambrosius später nie heraus. Aber sie war wohl der Grund, warum er als Bischof den Mächtigen furchtlos und selbstbewusst begegnen konnte. Stolz war er nur auf eine Frau aus seiner Familie: Soteris starb im Jahr 304 n. Chr. unter dem Kaiser Diokletian den Märtyrertod. Sie, „die edle Tochter von Präfekten und Konsuln hat sich geweigert, den Göttern Weihrauch zu streuen." So erzählt er in einer Predigt. Ambrosius entstammte einer christlichen Familie. Das war auch nach dem Toleranzedikt des Kaisers Konstantin eine Ausnahme. Die meisten Adelsfamilien in Rom verharrten bis zum Ende des Jahrhunderts im Heidentum.

Nach dem Tod des Vaters kehrte die Mutter mit drei Kindern, mit der Tochter Marcellina und den Söhnen Satyr und Ambrosius von Trier nach Rom zurück.

Es gibt kein genaues Datum, ab wann die Familie wieder in Rom wohnte, wahrscheinlich nach dem Jahr 340. Eine ungefähre Zeitangabe bezieht sich auf ein Ereignis im Leben der Schwester Marcellina: Zwischen 352 und 355 empfing sie in der Peterskirche den Schleier zum Zeichen, dass sie ihr Leben Gott weihen wollte. Frauenklöster existierten in der Westkirche noch nicht; gottgeweihte Jungfrauen lebten in ihrer Familie. Sie verzichteten auf die Ehe, sie verbrachten ihre Zeit mit Gebet und Bibelstudium, sie fasteten häufig, waren oft

Seelsorgerinnen und diakonische Helferinnen für ihre Mitmenschen. Ambrosius und sein Bruder Satyr wurden von der Frömmigkeit ihrer älteren Schwester geprägt. Andere christliche Lehrer aus seiner Jugendzeit erwähnt Ambrosius nicht. Es gab noch keine christlichen Schulen. Die öffentlichen Schulen vermittelten die klassische heidnische Bildung. Man las Schriftsteller wie Livius, Ovid, Vergil, Cicero und Seneca. Ambrosius verstand auch Griechisch, was damals im Westen nicht häufig war. So vermutet man, dass seine Familie ursprünglich aus dem griechischen Sprachraum im Osten gekommen war. Darauf deuten auch die griechischen Namen Ambrosius, Satyr und Soteris hin. Die Kenntnis der griechischen Sprache ermöglichte es dem Bischof Ambrosius, die Werke der großen Kirchenlehrer des Ostens der lateinischen Westkirche zu vermitteln.

Die Stadt Rom war damals noch stark vom Heidentum geprägt, von dem staatlich geförderten Kult in den Tempeln, von Theateraufführungen, Zirkusrennen und Gladiatorenkämpfen. Auch wenn die Gebildeten über die alten Göttergeschichten spotteten – man wollte die Traditionen bewahren, einfach weil sie zu Rom und zu seinem Herrschaftsanspruch gehörten. Ambrosius lernte das alles kennen. Aber es beeindruckte ihn nicht. Er war noch nicht getauft, hörte sicher dann und wann eine Predigt in der Kirche. Innerlich überzeugt hat ihn vor allem die stille Frömmigkeit seiner Schwester (und wohl auch seine Mutter, die nach dem Tod des Vaters als christliche Witwe lebte).

Während seiner Jugend in Rom erlebte er auch die andauernden Lehrstreitigkeiten in der Kirche. Das Nizänische Glaubensbekenntnis war zwar vom ersten oekumenischen Konzil im Jahr 325 beschlossen worden. Aber viele Bischöfe, besonders im östlichen Teil des Imperiums, hielten sich nicht daran. Verschlimmert wurde der Streit, weil einige Kaiser versuchten, der Kirche ihr eigenes Verständnis aufzuzwingen. So ließ Kaiser Konstantius, der Sohn Konstantins, Bischöfe, die am Nizänum festhielten, absetzen und vertreiben. Ambrosius erlebte das aus nächster Nähe, als Bischof Liberius von Rom im Jahr 355 dieses Schicksal erlitt. Auch der Bischof Dionysius von Mailand starb in der Verbannung. Er war der Vorvorgänger des Ambrosius in der dortigen Bischofskirche. Diese Vergewaltigung der Kirche durch den Staat war für Ambrosius ein Schlüsselerlebnis. Als Bischof hatte er den Mut und die Autorität, die Kaiser bei derartigen Versuchen in die Schranken zu weisen: Sie stehen, wenn sie Christen sind, nicht über der Kirche, sondern in der Kirche!

Ist Ambrosius von der Christengemeinde in Rom geprägt worden? Auch wenn er selbst darüber nichts verlauten lässt, so finden sich doch zwei Überzeugungen bei dem Mailänder Bischof, die er als junger Mensch in Rom angenommen haben könnte: Einmal sein unbeirrtes Festhalten am Nizänum. Da lässt sich bei ihm von Anfang an keine Unsicherheit, kein Lavieren feststellen. Er stand bei dieser Frage in der Nachfolge der römischen Bischöfe. Stark beeindruckt wurde er in Rom auch von der Erinnerung an die Märtyrer. Die Stadt war Begräbnisort der Apostel Petrus und Paulus. Hier erlitten der Diakon Laurentius und sein Bischof Sixtus den Märtyrertod, und das adelige Mädchen Agnes, und viele Andere. Die Gemeinde gedachte ihrer an bestimmten Tagen und besuchte die Gräber. Dass Ambrosius dieses Gedenken aus Rom mitnahm, merkt man an seinen Hymnen: Drei Hymnen widmet er römischen Märtyrern, nämlich den Aposteln Petrus und Paulus, dem Diakon Laurentius und der Jungfrau Agnes. Auch der Hymnus auf den Evangelisten Johannes weist in diese Richtung: Einmal betont das Johannes-Evangelium stärker als die übrigen drei Evangelisten das nizänische Dogma, dass der Erlöser Gott und Mensch ist, Gott gleich, mit Gott eins. Sodann erwähnt Ambrosius in seinem Hymnus, dass Johannes in Rom gefoltert wurde, also eine römische lokale Legende.

So entwickelte sich im jungen Ambrosius durch das Beispiel seiner Schwester und seiner Mutter und durch den Einfluss der römischen Gemeinde unspektakulär die Frömmigkeit und Überzeugung, die er dann als Bischof vorbildlich lebte.

3. Verwaltungsjurist im staatlichen Dienst, Bischofswahl in Mailand

Ambrosius hatte in Rom Rechtswissenschaften studiert. Seine erste Anstellung fand er in Sirmium. Der Ort lag in der Nähe der heutigen serbischen Hauptstadt Belgrad und war der Verwaltungsmittelpunkt für die Balkanländer, für Italien und Nordafrika. Als Rechtsanwalt war Ambrosius zunächst mit zivilrechtlichen Streitigkeiten befasst. Der Präfekt Claudius Petronius Probus wurde aber bald auf ihn aufmerksam und machte ihn zu seinem Berater. Probus hatte die Fähigkeiten des jungen Juristen erkannt. Auf seinen Vorschlag hin ernannte ihn Kaiser Valentinian I. im Jahr 370 zum Statthalter der Provinz Aemilia-Liguria mit dem Sitz in Mailand. Als Chef dieses Regierungsbezirks war Ambrosius für die Rechtsprechung, für die öffentliche Ordnung und für die Steuern zuständig. Die Erfahrungen, die er hier sammelte, waren sicher für das Bischofsamt eine gute Vorschule, was Menschenkenntnis,

Menschenführung und Kontakt zu den Mächtigen betraf. Durch seine Unbestechlichkeit und sein mitfühlendes Verständnis für die Nöte der Menschen gewann er das Vertrauen der Mailänder. Sie wählten ihn im Jahr 374 spontan zu ihrem Bischof.

Und das kam so: Der bisherige Kirchenleiter Auxentius war gestorben. Er war Arianer gewesen, lehnte also das Nizänische Glaubensbekenntnis ab. Der größere Teil der Gemeinde stimmte wohl mit dem Bischof überein, ebenso die Priester und Diakone. Es gab aber auch eine beachtliche Minderheit, die das „homo–usios" des Nizänums betonte: „Jesus ist Gott wesensgleich." Nun sollte bei einer Gemeindeversammlung im Gotteshaus der neue Bischof gewählt werden. Die Anwesenden aber konnten sich nicht einigen. Keine Partei brachte ihren Kandidaten durch. Das Geschrei wurde immer lauter. Es drohte ein Tumult. So rief man nach dem Statthalter. Der kam und ermahnte die Streitenden, Aufruhr zu vermeiden und eine friedliche Lösung zu suchen. Bei seiner Ansprache soll dann jemand gerufen haben: „Ambrosius episcopus!" – „Ambrosius ist der Bischof!" (Manche Überlieferungen sagen, es sei eine Kinderstimme gewesen.) Die Versammelten empfanden den Ruf als Zeichen Gottes und akklamierten. Ambrosius wehrte ab und flüchtete. Tagelang hielt er sich versteckt. Aber die Gemeinde hatte ihn gewählt. Man meldete es dem Kaiser, und der forderte Ambrosius auf, die Wahl anzunehmen. Mailand war kaiserliche Residenzstadt. Da hatte Valentinian I. großes Interesse, dass dort ein tüchtiger und zuverlässiger Mann als Bischof wirkte.

Eigentlich hatte Ambrosius einen gewichtigen Grund abzulehnen: Er war noch nicht getauft. Er hatte sich zwar zur Taufe angemeldet. Aber er schob die Taufe hinaus wie viele seiner Zeitgenossen. Das hing mit der damaligen Auffassung von Buße und Vergebung zusammen. Überzeugt war man, dass mit der Taufe alle Sünden abgewaschen werden. Wer aber nach der Taufe eine schwere Sünde beging, der hatte nur noch einmal die Möglichkeit zur Buße. So wurde damals gelehrt. Und Kaiser Konstantin ließ sich deshalb erst auf dem Sterbebett taufen, weil er wusste, dass er im Kampf um die Macht immer wieder sündigen würde.

(Als Bischof hat Ambrosius nicht mehr gelehrt, dass ein Christ nur noch einmal die Möglichkeit zur Umkehr hat. Vielmehr: Wer gesündigt hat und bereut und umkehren will, der findet bei Gott eine offene Tür. „Wir haben einen guten und milden Herrn, der gerne verzeihen will.")

Sicher kannte Ambrosius auch die kirchliche Vorschrift, dass kein Neugetaufter zum Bischof geweiht werden darf (1.Timotheusbrief 3,6). Das Amt sollte jemand übernehmen, der im christlichen Glauben bewährt und ein Vorbild war. Aber letztlich war die Berufung durch die Gemeinde und den Kaiser wohl von größerem Gewicht, auch weil kein anderer Kandidat wählbar schien. Die Bischöfe der benachbarten Städte, welche die Weihehandlung vornehmen sollten, stimmten ebenfalls zu. So wurde Ambrosius innerhalb von acht Tagen getauft und als Bischof eingesetzt. Der 7. Dezember, der Tag der Bischofsweihe, gilt als sein Gedenktag.

4. Bischof einer christlichen Minderheit

Mailand hatte damals über 100 000 Einwohner. Das Stadtbild war noch von heidnischen Kultbauten und Bildwerken geprägt. Und die Mehrheit der Bevölkerung lebte in einem Mischmasch von alten und neueren religiösen Vorstellungen: Neben der Verehrung der römischen Götter gab es Astrologie und Wahrsagerei, magische Praktiken, blutige Opfer und orientalische Mysterienkulte, dazu stoische, neuplatonische und gnostische Weltdeutungen. Die Vielzahl der religiösen Angebote bewirkte besonders bei Gebildeten agnostische Unverbindlichkeit. Und die skeptische Frage des Pilatus: „Was ist Wahrheit?" (Joh. 18,38) war wohl vielen aus dem Herzen gesprochen. Es gab in Mailand auch eine große jüdische Gemeinde. Die Christen bildeten eine Minderheit. Sie waren teils Arianer, teils Nizäner, wobei sich die Arianer wieder in Untergruppen spalteten.

In diesem Vielerlei von Anschauungen und Kulten wurde Ambrosius zum Leiter der christlichen Gemeinde berufen. Es gelang ihm, die Christen zu sammeln und in ihrem Glauben zu stärken, sodass die Kirche zur bestimmenden geistigen Kraft in der Stadt wurde. Dabei betonte er, dass er zunächst selber lernen musste, um lehren zu können. Als Nichtgetaufter war er bisher von den Eucharistiefeiern ausgeschlossen gewesen. Jetzt sollte er sie leiten. Es war eine gewaltige Umstellung „vom Lärm der Gerichtshöfe zum Gesang des Psalmisten", wie er es einmal charakterisierte. Mit den Priestern und Diakonen gelang ihm ein gutes Miteinander. Von Querelen und Streitigkeiten wird nichts berichtet, obwohl der Klerus von dem Vorgängerbischof wahrscheinlich arianisch geprägt worden war und Ambrosius von Anfang an das Nizänum bekannte.

Die Christengemeinden unterschieden sich von den heidnischen Kulten auch dadurch, dass sie die Armen und Kranken unterstützten. In Mailand gab Ambrosius der Diakonie einen starken Impuls. Er und seine beiden Geschwister blieben ehelos. Sie kamen überein, das vom

Vater geerbte Vermögen (vor allem Landbesitz in Nordafrika und Sizilien) als Stiftung der Mailänder Kirche zur Verfügung zu stellen. Nur für den Lebensunterhalt von Marcellina sollte etwas abgezweigt werden. Stiftungsverwalter wurde (bis zu seinem frühen Tod) der Bruder Satyr. So konnten für die Armen- und Krankenfürsorge Zuschüsse gegeben werden und dann auch, als in den folgenden Jahren einige Kirchen in Mailand neu gebaut wurden.

Als wichtigste Aufgabe in seinem Dienst sah Ambrosius die Predigt. Dafür bereitete er sich sorgfältig vor und studierte intensiv die großen Kirchenlehrer der Ostkirche. Gehaltene Predigten überarbeitete er, um sie zu veröffentlichen. Besondere missionarische Aktionen für die Heiden und Juden in der Stadt oder im Umland, wo der Prozentsatz der Nichtchristen noch größer war, werden von ihm nicht berichtet. Wer sich für den christlichen Glauben interessierte, der sollte sich im Gottesdienst kundig machen. Und so waren im Wortgottesdienst mehr Ungetaufte als Getaufte. Die Zahl der Teilnehmer bei der anschließenden Eucharistiefeier war viel kleiner. Es war fast so wie früher in der evangelischen Kirche, wenn „im Anschluss an den Gottesdienst" (!) Beichte und heiliges Abendmahl angeboten wurde.

Unermüdlich und manchmal auch frustriert lud Ambrosius zur Taufe ein. Einmal klagte er zu Beginn der vorösterlichen Fastenzeit, dass sich noch niemand gemeldet hätte, um in der heiligen Osternacht das Taufsakrament zu empfangen. Viele verharrten jahrzehntelang im Katechumenat. Sie hatten sich zur Taufe angemeldet, besuchten auch die Predigten, lebten mehr oder weniger nach den Geboten. Aber sie zögerten mit der Taufe. Denn es galt (wie schon erwähnt) die Auffassung, man könne nach der Taufe nur noch einmal Vergebung für eine schwere Sünde erlangen.

Die vierzig Tage vor Ostern dienten der intensiven Vorbereitung der Taufbewerber: Belehrung über den christlichen Glauben, begleitet von Gebetszeiten und Fasttagen. Die Täuflinge wurden aufgefordert, in der Stille über ihr bisheriges Leben nachzudenken, um dann vor dem Bischof eine Lebensbeichte abzulegen. Der fragte auch eindringlich, ob es ein Taufhindernis gab (bestimmte Berufe und Tätigkeiten galten als unvereinbar mit dem Christsein). Zur Beichte gehörte der Exorzismus: Böse Mächte wurden beschworen, den Taufbewerber zu verlassen. Am Palmsonntag wurde dem Täufling das Glaubensbekenntnis anvertraut. Es war nicht aufgeschrieben, sondern wurde mündlich tradiert, und es sollte keinem Ungetauften verraten werden. Offensichtlich wurde es nicht nur als eine Zusammenfassung der Lehre verstanden, sondern als kraftspendendes Mysterium, das allein die kannten, die ihr Leben dem wahren Gott geweiht hatten. In der Osternacht sagte es der Täufling auswendig auf. Der Gottesdienst der Osternacht begann vor Sonnenaufgang. Vor dem Einzug in die Taufkapelle segnete der Bischof die Sinnesorgane des Täuflings, um sie für den Empfang der Gnade empfänglich zu machen. Auch das Taufwasser wurde gesegnet. Es erinnerte an die todbringende Chaosmacht der Sintflut und sollte durch das Wort Gottes zum lebenspendenden, reinigenden Sakrament werden. Vor dem Taufvollzug fragte der Bischof den Täufling, ob er dem Teufel und seinen Werken absagen wolle. Dann stiegen beide in das Taufbecken. Und der Täufling wurde gefragt: „Glaubst du an Gott, den allmächtigen Vater?" „Glaubst du an unseren Herrn Jesus Christus und an sein Kreuz?" „Glaubst du an den Heiligen Geist?" Nach der dreimaligen Antwort: „Ich glaube" erfolgte die Taufe durch Untertauchen oder Übergießen mit dem Taufwasser. Die Getauften empfingen das weiße Taufkleid und wurden mit dem Salböl gesalbt und mit dem Kreuzeszeichen an der Stirn gesegnet. Dann zogen Täufer und Täuflinge in die Kirche zur Feier der Eucharistie. Die Woche nach Ostern war mit weiteren Katechesen ausgefüllt. Die Getauften wurden nun auch mit dem Vaterunser bekannt gemacht. Es galt ebenfalls als ein Mysterium. Nur wer den Heiligen Geist empfangen hatte, konnte es verstehen und im Segen sprechen.

Der berühmteste Täufling des Bischofs Ambrosius war Augustinus. Er stammte aus einer christlichen Familie in Nordafrika, hatte sich aber vom christlichen Glauben abgewendet und ein ziemlich wüstes Leben geführt. Nach allen Irrwegen war er Agnostiker geworden. Er zweifelte an allem und litt doch darunter, weil er sein Leben als sinnlos empfand. Nach Mailand war er als Rhetoriklehrer gekommen, um am kaiserlichen Hof die üblichen Lobreden auf den jungen, unreifen Kaiser Valentinian II. zu halten, eine Aufgabe, die bei den Höflingen spöttisches Grinsen hervorrief und ihn selber beschämte. Die Predigten des Ambrosius besuchte er, um dessen vielgerühmte Redekunst zu studieren. Und er erlebte, dass der Bischof nicht nur gut, sondern auch überzeugend predigte. Sein von Begierden und Zweifeln zerrüttetes Leben veränderte sich. Ambrosius konnte ihm die tiefe Wahrheit des christlichen Glaubens aufschließen. Augustinus meldete sich zum Unterricht an und empfing zusammen mit seinem Sohn und zwei Freunden in der Osternacht des Jahres 387 die heilige Taufe. Er war tiefbewegt und bekannte später: „Von der Stunde an wich die Unruhe des vergangenen Lebens von uns." Seine Mutter Monika, die jahrzehntelang für ihn gebetet hatte, durfte seine

Bekehrung noch erleben. Aber sie starb, als sie und Augustinus im Hafen von Ostia auf das Schiff nach Afrika warteten. Er kehrte allein in seine Heimat zurück, um dort seiner Kirche als Bischof und Lehrer zu dienen. An seinen geistlichen Vater Ambrosius dachte er in Ehrfurcht und Dankbarkeit, solange er lebte.

5. Das Ringen um das Nizänische Bekenntnis

Für die gegensätzlichen Standpunkte im damaligen Streit stehen zwei Namen: Athanasius und Arius. Der letztgenannte betonte den Unterschied zwischen Gott und Jesus: Jesus ist nicht Gott, sondern ein Geschöpf Gottes; er ist Gott unähnlich. Athanasius, der Bischof von Alexandria, hielt dagegen: Gott wurde in Jesus Mensch, um uns nahe zu kommen, um sich unserer Verlorenheit anzunehmen. In Jesus begegnet uns Gott; denn kein Mensch kann uns erlösen, kein Mensch kann Sünde und Tod überwinden. Das Bekenntnis von Nizäa bestätigte die Position des Athanasius. Die Kirche glaubt an „den *einen* Herrn Jesus Christus, Gottes eingeborenen Sohn, aus dem Vater geboren vor aller Zeit: Gott von Gott, Licht vom Licht, wahrer Gott vom wahren Gott, gezeugt nicht geschaffen, *eines* Wesens mit dem Vater ...“[2] Die Aussagen des Bekenntnisses sind eindeutig: Es ist *ein* Gott, und er hat sich als Vater, Sohn und Heiliger Geist geoffenbart.

Trotzdem wurde in den folgenden Jahrzehnten weiter gestritten. Theologen suchten Formulierungen, die zwischen dem Nizänum und Arius vermitteln sollten. Bischöfe hielten Synoden, um die Anhänger des Athanasius zu verurteilen. Die Kaiser mischten sich ein und setzten bekenntnistreue Bischöfe ab. So schickte Kaiser Konstantin, der die Synode in Nizäa einberufen hatte, neben anderen auch Athanasius in die Verbannung, und zwar nach Trier. Es war schon eine besondere Fügung, dass Athanasius in jenen Jahren in der Stadt weilte, als Ambrosius dort seine Kindheit verbrachte. So kann man annehmen, dass er dem ehrwürdigen Bischof in Trier begegnete.

Seine Jugendzeit verbrachte Ambrosius in Rom. Die dortigen Bischöfe standen zum Nizänum. Liberius, der mit der Familie besonders verbunden war, wurde (wie schon erwähnt) ebenfalls in die Verbannung geschickt. In Sirmium arbeitete Ambrosius einige Jahre als rechtskundiger

---

[2] Das Bekenntnis findet sich auch im Evangelischen Gesangbuch. Ausgabe für die Evangelisch-Lutherischen Kirche in Bayern (S. 1150f.).

Beamter. Die Stadt und fast die ganze illyrische Provinz waren ein Bollwerk des Arianismus. Als christlicher Staatsdiener besuchte er sicher die Gottesdienste, die von dem dortigen Bischof Germinius geleitet wurden. So lernte Ambrosius auch die andere Seite kennen. Er bemerkte allerdings, wie sich Germinius dem Nizänum annäherte. Er formulierte es dann so: Jesus ist dem Wesen Gottes ähnlich.[3]

Bei Ambrosius ist, was die Lehre von der Dreieinigkeit Gottes betrifft, keine Entwicklung festzustellen. Schon in seinen ersten Predigten bekennt er: Jesus ist Gott wesensgleich. Er ist eins mit Gott. Und Ambrosius war überzeugt, damit die Aussagen der Bibel am besten wiederzugeben. Er fand dafür schon im Alten Testament Hinweise. Zu der geheimnisvollen Geschichte von den drei Engeln, die Abraham im Hain Mamre besuchten (1. Mose 18), schrieb er: „Tres videt, unum adorat" (Drei sieht er, Einen betet er an).

Freilich war sich Ambrosius immer bewusst, dass unsere Versuche, das Wesen des Dreieinigen Gottes in Worte zu fassen, letztlich unvollkommen bleiben müssen. Denn Gott ist unendlich und unbegreiflich. Er bleibt ein Geheimnis, auch wenn er sich offenbart. Die Antwort aus dem brennenden Dornbusch, die Mose auf seine Frage: „Wie ist Dein Name?" bekommt (2. Mose 3,14), empfand Ambrosius als fundamental: „Ich bin, der Ich bin." Das bedeutet, dass sich Gott jeder Definition entzieht. Und doch kämpfte Ambrosius für die Geltung des Nizänums. Er tat es nicht, um objektiv festzustellen: „So und so ist Gott." Es ging ihm um die Tatsächlichkeit von Erlösung und Anbetung: Wenn Jesus nicht Gott wäre, dann könnte er auch nicht Sünde vergeben und wir dürften nicht zu ihm beten.

Mit seinen Predigten in der Mailänder Kirche suchte Ambrosius die Gemeinde für das Nizänum zu gewinnen. Er fasste seine Lehraussagen in fünf Büchern mit dem Titel „De fide" (Über den Glauben) zusammen und widmete sie dem jungen Kaiser Gratian. Dieser war dann der erste Kaiser, der sich für Geltung des Nizänischen Bekenntnisses einsetzte. In einer weiteren Schrift bezeugte Ambrosius das Herr- und Gott-Sein des Heiligen Geistes. Er ist nicht eine unpersönliche Kraft, sondern Person wie der Vater und der Sohn, ewig, allmächtig, allwissend, ein göttliches Wesen mit dem Vater und dem Sohn. Diese Lehraussage wurde im Jahr 381 beim Konzil von Konstantinopel in das Nizänische Bekenntnis aufgenommen.

---

[3] Eine ausführliche Darstellung gibt Christoph Markschies: „Ambrosius von Mailand und die Trinitätstheologie" (Tübingen, 1995).

Ambrosius wies auch den Weg bei der Frage, wie das ausgesagt werden kann, dass sich in Jesus Gottheit und Menschheit verbinden. Endgültig wurde das ein halbes Jahrhundert nach dem Tod des Bischofs beim Konzil von Chalcedon (im Jahr 451) festgelegt: Jesus ist wahrer Gott und wahrer Mensch. In Jesus hat sich der Sohn Gottes mit dem Leib, der Seele und dem Geist eines Menschen verbunden. Jesus ist eine Person, in der die göttliche und die menschliche Natur vereinigt sind. Entsprechend seiner menschlichen Natur empfand Jesus Angst, Hunger, Durst, Schmerz, Trauer. Auf Grund seiner göttlichen Natur konnte er Krankheit und Tod besiegen und Sünde vergeben. Und in der Vereinigung von Gott und Mensch hat er durch seinen Tod am Kreuz und durch seine Auferstehung die Erlösung der Menschheit bewirkt.

6. Der Kampf um die Mailänder Gotteshäuser

Mit dem Konzil von Konstantinopel im Jahr 381 war der arianische Streit eigentlich entschieden. Kaiser Theodosius, der die Osthälfte des Imperiums regierte, erhob das Nizänische Bekenntnis zum Reichsgesetz. Es musste jetzt von allen anerkannt werden. Aber im Westen, und zwar in der kaiserlichen Residenzstadt Mailand, kam es noch einmal zu einem Streit. Die Kaiserin Justina, die für ihren unmündigen Sohn Valentinian II. den Westteil regierte, war von Sirmium nach Mailand umgezogen. Sie war eine fanatische Anhängerin der arianischen Lehre. Gleichgesinnte hatte sie unter den Höflingen, in der gotischen Palastwache und bei Mailänder Bürgern, die aus der Zeit des Bischofs Auxentius Arianer waren. Justina brachte auch einen arianischen Bischof mit, der sich mit seinem zweiten Namen „Auxentius" nannte, zur Erinnerung an den Vorgänger von Ambrosius.
Im Jahr 385 verlangten Hofbeamte im Namen des Kaisers die Herausgabe einer Kirche an die Arianer. Ihr Argument war: Der Kaiser habe Verfügungsgewalt „über alles". Ambrosius weigerte sich. Die staatliche Behörde erließ daraufhin ein Gesetz, wonach der Widerstand gegen den arianischen Gottesdienst als Empörung und Majestätsbeleidigung bestraft werden sollte. Wohlhabende Anhänger des Ambrosius wurden mit Geldbußen und Gefängnisstrafen belegt. Die ärmeren Einwohner versuchte man mit Geldgeschenken zu gewinnen. In der Karwoche des Jahres 386 trieb die Auseinandersetzung auf ihren Höhepunkt zu. Das Gerücht verbreitete sich, der Kaiser wolle eine Basilika von seinen Soldaten besetzen lassen. Deshalb harrte Ambrosius mit Gemeindegliedern während des ganzen Palmsonntags in der

betreffenden Kirche aus. Die Anwesenden ermunterten sich auch damit, dass sie von Ambrosius gedichtete Hymnen einübten und sangen.[4] Erst am Abend ging der Bischof in sein Haus, um sich auszuruhen. Am Montagmorgen stand die kaiserliche Palastwache vor der Kirche. Zugleich strömten die Gemeindeglieder herbei. Würde es zu Auseinandersetzungen und zum Blutvergießen kommen? Manche Gemeindeglieder äußerten, sie würden die Kirche unter Einsatz ihres Lebens verteidigen. Ambrosius sprach mit den Soldaten. Diese erklärten danach, sie seien gekommen, um zu beten, nicht um zu kämpfen. Gemeinsam hörten Gemeindeglieder und Soldaten die Predigt des Bischofs. Er erwähnte die Frau Hiobs, die ihrem Mann geraten hatte, von Gott abzufallen. Und er erwähnte die Königin Isebel, die Naboths Weinberg geraubt und die Propheten Israels verfolgt hatte. Jeder Zuhörer ahnte, wen der Bischof damit meinte. Auch in den folgenden Tagen blieb die Lage angespannt. Aber weil die Gemeindeglieder Tag für Tag in großer Zahl in der Kirche ausharrten und es immer mehr möglich schien, dass die Soldaten sich weigerten, Gewalt anzuwenden, wagten die Offiziere nicht, die Kirche in Besitz zu nehmen. Am Ende der Karwoche kam der Befehl, die Truppe solle sich aus der Kirche zurückziehen. Der Bischof konnte das Osterfest ungestört mit der Gemeinde feiern.

Ambrosius berief sich bei seinem Widerstand auf das Bibelwort: „Gebt dem Kaiser, was des Kaisers ist, und Gott, was Gottes ist" (Matth. 22,21). Er wehrte sich gegen den Anspruch der Regierenden, dass die Kirche nur ein Anhängsel des Staates sei. Vielmehr seien Staat und Kirche zwei Bereiche, die man unterscheiden müsse. Der Staat soll für die öffentliche Sicherheit, für Gerichtswesen und Wirtschaft, also für den weltlichen Bereich sorgen. Der Kirche aber sind die Predigt des Glaubens und der Gottesdienst anvertraut. In diesem Bereich darf der Kaiser nichts befehlen, sondern er ist Gemeindeglied. Ambrosius hat damit der Kirche im Westen die Richtung gewiesen, die bis heute gilt. Während Kaiser Konstantin und seine Nachfolger im Osten die Herrschaft über die Kirche als selbstverständlich ansahen, was sich in der orthodoxen Kirche als „Cäsaropapismus" fortsetzte, betonte Ambrosius, dass sich Staat und Kirche als Partner gegenüberstehen.

Er wollte freilich nicht die totale Trennung von Staat und Kirche, wie es heute oft gefordert wird. Er war vielmehr überzeugt, dass Wohlfahrt und Gerechtigkeit in einem Land dann am

---

[4] Die Hymnen des Ambrosius werden im II. Teil vorgestellt.

besten gedeihen, wenn der Staat den christlichen Glauben und besonders die Zehn Gebote anerkennt. Das wird in unserer Zeit oft nicht mehr gesehen, auch wenn einsichtige Politiker zugeben, dass die Demokratie auf Werten aufbaut, die sie selber nicht schaffen kann.

7. Lob der Jungfräulichkeit und Verehrung der Märtyrer

Ambrosius hatte als Jugendlicher die Jungfrauenweihe seiner Schwester Marcellina miterlebt. Ihr Leben als gottgeweihte Jungfrau überzeugte ihn. Als Bischof warb er in seinen Predigten für diesen Weg, und seine erste Veröffentlichung waren drei Bücher „Über die Jungfrauen".

Obwohl Askese und Virginität damals in frommen Kreisen hochgeachtet wurden, erlebte Ambrosius mit seinem Werben für die Jungfrauenweihe auch Ablehnung und Feindschaft. Es passierte, dass Eltern ihrer Tochter verboten, die Predigten des Bischofs zu besuchen, weil sie fürchteten, er könnte das Mädchen zu einer Entscheidung drängen, die sie keineswegs wünschten. Man warf ihm vor, er würde die Ehe abwerten, obwohl sie doch von Gott gestiftet worden war. Und der Vorwurf war sicher nicht ganz falsch. Ambrosius hatte wie die geistige Elite seiner Zeit die neuplatonische Philosophie kennengelernt, und die achtete die Seele höher als den Leib, und die Ehelosigkeit höher als die eheliche Gemeinschaft von Mann und Frau.

Aber was war nun sein Anliegen, wenn er dafür warb, ehelos zu bleiben? Er sah darin ein Zeichen, einen Hinweis auf die kommende Welt. Jesus hatte gelehrt: „In der Auferstehung werden sie weder heiraten, noch sich heiraten lassen, sondern sie sind wie die Engel im Himmel" (Matth. 22,30). Die gottgeweihten Jungfrauen machten, so meinte Ambrosius, schon in dieser Zeit etwas sichtbar von der „vita angelica", von der überirdischen Wirklichkeit, auf die wir zugehen.

Noch ein zweites Motiv bewegte den Bischof: Zum christlichen Glauben gehört die Bereitschaft zum Opfer, zum Verzicht. Das geriet in der Zeit nach Kaiser Konstantin in Vergessenheit, als aus der verfolgten Kirche die Volkskirche, die Staatskirche wurde, zu der man aus Gründen der Opportunität und der Karriere gehören wollte. Die christliche Gemeinde wurde immer mehr Teil der Welt. Die gottgeweihte Jungfrau aber lebte die Hingabe an Christus. Sie verzichtete auf „weltliche" Dinge und widmete ihre Zeit und Kraft dem Gebet, der Meditation von Bibelworten und dem Dienst für die Mitmenschen. Mit ihrem

Schleier und dem schwarzen Gewand wurde sie in der Öffentlichkeit als „Braut Christi" wahrgenommen und war so ein Hinweis dafür, dass christlicher Glaube Umkehr, Gehorsam und Nachfolge bedeutet, und nicht ein Weitermachen wie bisher, nur etwas christlich übertüncht.

Ambrosius entfaltete dieses Thema nicht in dogmatischen Lehrsätzen, sondern erzählte Beispiele. Schon in seiner Jugend war ihm die Lebensgeschichte der heiligen Agnes begegnet. Sie hatte in Rom gelebt und als junges Mädchen heimlich das Gelübde getan, dass sie als gottgeweihte Jungfrau leben wollte. Sie blieb auch dabei, als in der Stadt die Christen eingekerkert und hingerichtet wurden. Keine Drohung und keine Verlockung brachte Agnes dazu, sich von Christus loszusagen. Sie wurde mit dem Schwert hingerichtet – ein „Vorrecht", wenn römische Bürger zum Tode verurteilt wurden.

Wichtigstes Vorbild für jungfräuliches Leben war für Ambrosius die Mutter Jesu. Wie der Apostel Paulus im Römerbrief Adam und Christus aufeinander bezog, nämlich dass durch Adam die Sünde und der Tod in die Welt gekommen ist, durch Christus aber Erlösung und Leben (Röm. 5,12–19), so entfaltete Ambrosius die Typologie „Eva – Maria". Evas Ungehorsam im Paradies öffnete die Tür für die Sünde. Die Jungfrau Maria aber ermöglichte durch ihren vertrauenden Gehorsam die Erlösung, als sie dem Engel antwortete: „Siehe, ich bin des Herrn Magd; mir geschehe, wie Du gesagt hast." (Luk. 1,38). Die gottgeweihten Jungfrauen erinnern an sie und weisen dabei über das Diesseitige hinaus auf Gottes zukünftiges Reich.

Die Erinnerung an die Märtyrer wurde in den christlichen Gemeinden seit je festgehalten. Man besuchte ihre Gräber und feierte den Gedenktag ihres Martyriums. Ambrosius war dieser frommen Sitte schon in Rom begegnet. Hier wusste man von den Gräbern der Apostel Petrus und Paulus und vieler weiterer Glaubenszeugen seit Nero.

In Mailand waren zunächst die Gräber von drei Märtyrern bekannt: das Doppelgrab von Nabor und Felix und das Grab des Victor. Alle drei waren Soldaten im römischen Heer gewesen und stammten aus Nordafrika. Sie starben unter dem Kaiser Diokletian. Er und sein Mitregent Maximinian versuchten, die römische Staatsmacht durch eine Rückbesinnung auf die alten heidnischen Traditionen zu stabilisieren. Deshalb begannen sie, das Heer von Christen zu „säubern". Man forderte die Verdächtigen auf, die Götter anzurufen. Nabor und Felix weigerten sich. Sie wurden um das Jahr 300 n. Chr. enthauptet. Ihre Leichname ließ eine wohlhabende Christin im Jahr 313 nach Mailand überführen und in einer Grabkapelle bestatten. Auch Victor erlitt dieses Schicksal. Man bestattete ihn zunächst in einem Wäldchen. Später fand er seine Ruhestätte in einer Kapelle bei der Basilica Ambrosiana.

Die berühmtesten Märtyrer von Mailand wurden dann aber Gervasius und Protasius, und das, obwohl ihre Biographie fast unbekannt ist. Ursache für ihre Berühmtheit war die spektakuläre Auffindung ihrer Ruhestätte und die Überführung ihrer Gebeine in die von Ambrosius erbaute Kirche, die heutige Basilica S. Ambrogio. Es geschah im Jahr 386 n. Chr., nachdem Ambrosius sich geweigert hatte, dem Kaiser und dessen arianischen Anhängern eine Kirche auszuliefern. Man wusste nicht, ob nun Ruhe einkehren würde oder ob noch eine weitere Kirchenbesetzung zu befürchten war. Da gab der Bischof den Befehl, die Leichname der beiden Märtyrer auszugraben. Der Hinweis stammte wohl von älteren Gemeindegliedern. Sie hatten von ihren Eltern gehört, Gervasius und Protasius seien ebenfalls unter dem Kaiser Diokletian hingerichtet worden, und man hätte sie bei der Grabkapelle von Nabor und Felix bestattet. Tatsächlich wurden zwei gut erhaltene Leichname mit abgeschlagenen Köpfen gefunden. Ambrosius ließ sie einige Tage lang in einer Kapelle aufbahren. Eine ungeheure Erregung ergriff die Menschen. Sie strömten in großer Zahl herbei. Kranke wurden geheilt, was auch Augustinus in seinen Erinnerungen erwähnt. Eher als geplant gab Ambrosius die Anweisung, die Märtyrergebeine in die neuerbaute Kirche zu überführen und unter dem Altar zu bestatten. Wahrscheinlich befürchtete er, der kaiserliche Hof könnte sich provoziert fühlen. Denn die Gemeinde verstand das Auffinden der Märtyrer und die geschehenen Heilungen als Demonstration gegen die Arianer; die wiederum bezeichneten das Ganze als Betrug. So war es sicher klug, eine weitere Eskalation zu vermeiden.

Seitdem wurde es in den Kirchen des Abendlandes immer mehr Brauch, Märtyrer unter dem Altar zu bestatten: Der Altar, auf dem das Kreuzesopfer Christi vergegenwärtigt wird, und die Erinnerung an die Märtyrer gehörten für Ambrosius zusammen. Dabei betonte er ausdrücklich den Unterschied zwischen dem Kreuzesopfer des Gottessohnes und dem Leidensweg der Blutzeugen. Denn auch sie wurden durch Christus erlöst. Aber ihre Hingabe erinnert an seine Hingabe. Ambrosius verglich sie mit dem Mond, der von der Sonne das Licht empfängt und damit die Nacht erhellt: So bringen die Märtyrer Licht in eine Kirche, die durch Ungehorsam und Gleichgültigkeit verdunkelt wird. In den Predigten nach der Überführung der Reliquien betonte er den Zusammenhang zwischen den Märtyrern und dem Christsein in Zeiten ohne Christenverfolgung. Sie machen Mut, den Kampf des Glaubens durchzustehen. Denn auch das

Christwerden und das Christbleiben kosten Opfer und Verzicht: Wer sich gegen Habgier, Unzucht und Hochmut stemmt und Christus in den alltäglichen Versuchungen die Treue hält, ist auch ein Märtyrer, ein Zeuge des Herrn Jesus.

Lob der Jungfräulichkeit und Verehrung der Märtyrer – Ambrosius betonte beides in einer Kirche, die sich nach der Konstantinischen Wende immer mehr an die Sitten der Welt anpasste. Er nannte die Märtyrer und Jungfrauen „die Rosen und Lilien im Garten der Kirche".

8. Die Kirche, ein Geheimnis, das sich in vielen Bildern erschließt

Für Ambrosius wird Christus und sein Erlösungswerk in der Kirche präsent. Wo Gottes Wort verkündet und die Sakramente ausgeteilt werden, da begegnet Christus den Menschen und schenkt ihnen Vergebung der Sünden und ewiges Leben.

Ambrosius findet in der Bibel eine Fülle von Bildern, die andeuten, was Kirche ist. Im Römerbrief und im 1. Korintherbrief beschreibt Paulus die Gemeinde als Leib, dessen Glieder und Organe einander ergänzen und zum Wohl des Ganzen zusammenwirken. Daraus ergibt sich auch, wie Christen miteinander umgehen sollen (Röm. 12,3–21; 1. Kor. 12,12–31). Im Kolosser- und Epheserbrief wird dieses Bild um das Verhältnis von „Haupt und Leib" erweitert. Christus ist das Haupt, die Kirche ist sein Leib. Von ihm empfängt sie Kraft und Motivation. Er ist mit ihr eng verbunden: Wenn sie verfolgt wird, leidet er mit (Apostelgesch. 9,4 f.). Und weil er gesiegt hat, wird auch die Kirche Sünde und Tod überwinden (Kol. 1,16–23; Eph. 4,15 f.).

Wiederholt findet sich in der Bibel das Bild von der Kirche als Haus und Tempel Gottes. „Erbaut auf dem Grund der Apostel und Propheten" wächst der Bau empor, durchwaltet und gestaltet vom Heiligen Geist. Er fügt die Gläubigen als „lebendige Steine" in dieses Bauwerk ein (Eph. 2,20–22; 1. Petr. 2,5).

Die fünf Bücher Mose (und auch der Hebräerbrief) beschreiben die Gemeinde als „wanderndes Gottesvolk". Befreit aus der Knechtschaft kämpft sie sich durch die Wüste hin zum „gelobten Land", immer wieder angefochten durch Not und Leid, immer wieder versucht, müde zu werden und von Gott abzufallen, aber dennoch gehalten und geführt, bis sie das Ziel erreicht.

Ambrosius deutet auch das Schiff, das von Sturm und Wellen bedroht wird (Mark. 4,35–41) auf die Kirche. Christus rettet sie durch sein Machtwort, dass sie sicher zum Hafen gelangt.

Breiten Raum findet bei Ambrosius die Deutung der Kirche als Jungfrau, Braut und Mutter. Schon im Alten Testament heißt es, dass sich Gott mit der Gemeinde verlobt hat, und dass er zürnt, wenn sie sich von ihm abwendet und fremden Göttern hingibt. Im Neuen Testament erscheint die Kirche als jungfräuliche Braut Christi, die er erwählt hat und die sehnsüchtig auf sein Kommen wartet (Offenb. 21,2; 22,17). Jungfräulich ist nach Ambrosius die Kirche, weil ihre Verfehlungen vergeben sind und weil sie die Irrlehren hinter sich lässt. Die Kirche als jungfräuliche Braut, um das glutvoll beschreiben zu können, folgt Ambrosius griechischen Exegeten wie Origenes, die das alttestamentliche Hohelied allegorisch ausgelegt und die Geliebte des Königs als „ecclesia vel anima" (Kirche oder Seele) gedeutet haben. Nicht nur die Gemeinde, sondern auch die Seele der Gläubigen ist in bräutlicher Liebe mit Christus verbunden – eine Vorstellung, die in der Mystik und später im Pietismus weiterwirkte.

Wird mit dem Bild der jungfräulichen Braut die Liebesbeziehung zum Erlöser beschrieben, so geht es bei dem Bild der Mutter um das Verhältnis der Kirche zu den Gläubigen (Gal. 4,20–31). Sie hat die Gläubigen geboren; sie ernährt und ermahnt sie. Sie leidet, wenn sie ungehorsam sind und versagen. Sie tritt fürbittend für sie ein. Die Gläubigen sollen auf die Mutter hören und ihr gehorchen.

Ambrosius findet auch in biblischen Frauengestalten Hinweise auf das, was Kirche ist. Vor allem erkennt er das in der Jungfrau Maria, der Mutter des Herrn. Sie ist Vorbild für den vertrauenden Gehorsam der Kirche. Sie ist Gefäß und Wirkungsstätte des Heiligen Geistes. Durch sie kommt Christus in die Welt.

Überraschend ist, dass Ambrosius als Präfiguration der Kirche auch jene vier Frauen nennt, die im Stammbaum Jesu bei Matthäus erwähnt werden: Thamar, Rahab, Ruth und Bathseba – Heidinnen, Ehebrecherinnen, Huren (Matth. 1,1–16). Er erkennt in ihnen die Gemeinde seiner Zeit wieder, befleckt von Sünde und Ungehorsam, aber auch begnadet mit der Hoffnung, dass sie durch Buße und Vergebung wie jene Frauen rein und makellos sein wird. Er verlor nie die Hoffnung, dass diese unansehnliche und verunstaltete Gemeinde (wie er sie auch in Mailand erlebte) mit der „heiligen Stadt", dem „neuen Jerusalem" identisch ist, die „von Gott aus dem Himmel" herabkommt, „bereitet wie eine geschmückte Braut ihrem Mann" (Offenb. 21,2).

9. Die Mitte seiner Frömmigkeit: Christus und die Heilige Schrift

Wenn man nach dem Wesentlichen seiner Frömmigkeit und seines pastoralen Dienstes fragt, so lautet die Antwort: Christus und die Heilige Schrift. Deshalb ehrten die Reformatoren Ambrosius neben Augustinus als großen Kirchenlehrer. Die Bibel war das Fundament seines Predigens und Lehrens als Bischof, und bei allem, was er als Glaubender dachte, redete und tat, stand Christus im Mittelpunkt.

Ambrosius sagte von sich, dass er zu gleicher Zeit lernen und lehren musste, als er überraschend zum Bischof gewählt worden war. Sicher war für ihn die Bibel nicht völlig unbekannt gewesen. Er hatte sie in seinem Elternhaus und vor allem durch seine Schwester Marcellina kennengelernt. Und als Katechumene hatte er wohl auch immer wieder Predigten gehört. Aber zwischen Hören und Lehren ist schon ein Unterschied. Vielleicht half ihm zu Beginn der befreundete Priester Simplizian bei der Vorbereitung der Gottesdienste. Und er suchte dann auch in den Schriften der theologischen Lehrer Anregung und Klarheit.

Für die Bibelauslegung der frühen Kirche war ein jüdischer Exeget und Philosoph von großer Bedeutung: Philo von Alexandria, der ungefähr im Jahr 15 v. Chr. geboren wurde und um das Jahr 40 n. Chr. starb. Philo versuchte eine Synthese von Judentum und Hellenismus, zwischen dem Alten Testament und der griechischen Philosophie. Er meinte, die griechischen Philosophen hätten alle von Mose gelernt, und die Thora (die fünf Bücher Mose) sei die höchste Form der Philosophie. Er versuchte das aufzuzeigen, indem er hinter der literarischen oder historischen Bedeutung einer Bibelstelle nach einem tieferen philosophischen Sinn fragte. Er gebrauchte dafür die Methode der Allegorese: Wie der Mensch aus Körper und Seele besteht, so schildere eine biblischen Geschichte nicht nur ein äußeres Geschehen, sondern enthalte auch noch eine geheime geistige Wahrheit. Philo zeigte z. B. an der Sündenfall-geschichte, dass in ihr das gesagt wird, was auch die stoische Ethik lehrt: Die Geistseele (Adam) wird durch die sinnliche Wahrnehmung (Eva) gereizt, der Begierde (Schlange) nachzugeben. Kain und Abel werden zum Sinnbild für Selbstsucht und Frömmigkeit, die miteinander ringen. Die gebildeten Juden von Alexandria hatten mit den Geschichten des Alten Testaments ihre Schwierigkeiten wie die gebildeten Griechen mit den Götter-geschichten Homers. Philo versuchte ihnen eine Brücke zu bauen. Seine Gedanken wirkten dann auf die christliche Theologie.

Man übernahm seine Methode der allegorischen Bibelauslegung und erweiterte sie zum dreifachen Schriftsinn. Dementsprechend fand man in einer biblischen Erzählung nicht nur ein geschichtliches Ereignis berichtet, sondern jede Erzählung hatte auch eine moralische Bedeutung und enthielt einen geheimen Hinweis auf Gott und Christus.

Philos Philosophie beeinflusste auch die christliche Theologie bei der Frage, wie man das Geheimnis der Dreieinigkeit umschreiben kann. Für Philo war Gott unfassbar, unerreichbar und ganz jenseitig. Er offenbart sich aber durch sein Wort, durch den Logos. Und damit dachte Philo so etwas wie eine zweite göttliche Person. Durch den Logos wurde die Welt geschaffen. Alle Geschöpfe tragen sein Abbild und damit etwas von der Wirklichkeit Gottes in sich. Durch den Logos kann Gott mit den Menschen Verbindung aufnehmen und der Logos ist dann auch der Mittler der Erlösung: Er ermöglicht die Rückkehr der Seele zu Gott. Philo schuf so eine Brücke zwischen dem Wort Gottes im Alten Testament (das schon in 1. Mose 1 bei der Erschaffung der Welt genannt wird) und der Logos–Spekulation im Neuplatonismus.

Philos Denken wurde von dem großen christlichen Theologen Origenes (185–254 n. Chr.) aufgenommen und weiterentwickelt. Origenes lebte und wirkte ebenfalls in Alexandria und starb als Märtyrer während der Regierung des Kaisers Decius an den erlittenen Folterungen. Er hinterließ viele theologische Werke: Kommentare über biblische Bücher, Predigten, dogmatische und apologetische Schriften. Er legte u.a. das Hohelied aus dem Alten Testament mit der Methode der Allegorese aus. Und er deutete die Liebesbeziehung zwischen Bräutigam und Braut, das Suchen und Sich–Finden, das Sich–Verlieren und das Wieder–Einswerden auf Christus und die Seele eines gläubigen Menschen. Dieser Gedanke wurde dann in der Schriftauslegung der Kirchenväter, in der Mystik des Mittelalters und im Pietismus immer wieder entfaltet. Origenes übernahm auch die Logos–Spekulation Philos und versuchte auszusprechen, wie das Geheimnis der Dreieinigkeit gedacht werden könnte.

An seine Überlegungen knüpften dann auch die drei „kappadokischen Väter" Basilius von Caesarea (330–379 n. Chr.), Gregor von Nyssa (etwa 335– etwa 394 n. Chr.) und Gregor von Nazianz (329–390 n. Chr.) an. Sie unternahmen es, das Geheimnis der Dreieinigkeit, dass sich der *eine* Gott als Vater, Sohn und Heiliger Geist offenbart, mit den vorgegebenen Begriffen der griechischen Philosophie zu verdeutlichen. Sicher bildeten sie sich nicht ein, Gott zu „verstehen". Aber sie wollten die Irrlehre des Arius abwehren, dass Jesus Christus nur ein Mensch ist wie wir, und gleichzeitig festhalten, dass wir Christen an *einen* Gott glauben, wie es in 5. Mose 6,4 f. gefordert wird. Und sie konnten damit auch aussagen, dass Gott keinen Menschen oder Engel als Gegenüber braucht, um Person zu sein, sondern er ist in sich selber Ich und Du.

Ambrosius kannte wie die Gebildeten seiner Zeit die klassischen Dichter und die Gedanken der stoischen und neuplatonischen Philosophie. Und so machte er ebenfalls den Versuch, mit Bildern und Begriffen aus dieser Geisteswelt der Gemeinde die Botschaft der Bibel nahezubringen. In den ersten Jahren geschah das in stärkerem Maße, später weniger, weil er immer mehr das biblische Denken in sich aufgenommen hatte. Zunächst aber waren Philo, Origenes und Basilius seine Lehrer, um die Bibel zu erklären. Und die „kappadokischen Väter" gaben ihm das Rüstzeug, um das Nizänische Bekenntnis zu verteidigen.

Was bei seiner Bibelauslegung auffällt: Ambrosius begegnete den Worten der Heiligen Schrift mit Ehrfurcht und Demut. Immer wieder finden sich in seinen Predigten und Traktaten Gebete, in denen er Jesus um die rechte Einsicht und um den Heiligen Geist bittet. Er wollte nicht etwas Zeitgemäßes propagieren, um bei den Hörern „anzukommen", sondern der Herr sollte durch sein Wort zu den Menschen sprechen. „Komm doch, Herr, öffne uns die Tür zur prophetischen Rede," heißt es bei der Erklärung eines Bibelwortes. Für Ambrosius war Gott in der Heiligen Schrift ebenso gegenwärtig wie im Sakrament des Altars. Und er sprach da von etwas, das er selbst erfahren hatte: Christus tröstete, reinigte, heilte und schenkte neues Leben, wenn er die Worte der Bibel las. Und der Prediger möchte, dass Christus durch das Wort der Predigt auch in den Herzen der Menschen aufleuchtet und ihnen nahekommt. Wenn das nicht geschieht, ist alles Reden leer und vergeblich.

Für den Mailänder Bischof besteht auch kein fundamentaler Unterschied zwischen dem Alten und Neuen Testament. Sicher, jenes enthält mehr die Verheißung und dieses die Erfüllung. Aber Christus spricht in beiden Testamenten zu uns, z. B. in den Psalmen genauso wie im Evangelium, und das Geheimnis der Kirche wird im Hohenlied und im Epheserbrief beschrieben. Natürlich fand Ambrosius zu dieser Sicht auch durch Methode der Allegorese. Die Geschichte von Isaaks Opferung konnte er bis in Einzelheiten als Vorschattung des Kreuzesopfers auf Golgatha entfalten.

Christus war für Ambrosius die Mitte der Heiligen Schrift und die Mitte seines persönlichen Glaubens. In einem Traktat spricht er das so aus: „Christus ist für uns alles. Willst du, dass deine Wunde heile: Er ist dein Arzt; glühst du vor Fieberhitze: Er ist die erfrischende Quelle;

sinkst du zusammen unter der Ungerechtigkeit deiner Werke: Er ist die ewige Gerechtigkeit; bedarfst du der Hilfe: Er ist die Allmacht; fürchtest du den Tod: Er ist das Leben; verlangst du zum Himmel: Er ist der Weg; willst du der Finsternis entfliehen: Er ist das Licht; suchst du Speise: Er ist das Brot des Lebens."[5]

Entgegen der Auffassung der Philosophen betonte Ambrosius die Freiheit und Selbstverantwortung des Menschen. Es ist nicht alles „Fatum", wie die Stoa behauptet. Kain hat Abel nicht ermordet, weil es ein Schicksal so wollte, sondern es war seine Entscheidung, und er ist dafür verantwortlich. So liegt es auch in unserer Verantwortung, ob wir Jesus nachfolgen und seine Gebote befolgen.

Jesus war demütig, er hat seine göttliche Hoheit aufgegeben, um uns nahe zu sein. Diese Haltung sollen wir uns aneignen. Von Christus sollen wir Sanftmut und Demut lernen (Matth. 11,28–30). Die Gebote der Bibel sind deshalb nicht überflüssig, sie helfen uns auf dem Weg der Nachfolge. Ambrosius appelliert in seinen Predigten an die Hörer, Gutes zu tun. Aber er weiß zugleich, dass die Erlösung Gottes Gnade ist. „Ich will mich nicht rühmen, dass ich gerecht bin, sondern ich will mich rühmen, dass ich erlöst bin. Ich will mich nicht rühmen, dass ich frei von Sünde bin, sondern dass mir die Sünden vergeben sind."[6]

10. Ambrosius und die Herrscher Roms

Er stammte aus einer römischen Adelsfamilie und hatte dem Weltreich als hoher Beamter gedient. So beurteilte Ambrosius das Imperium Romanum positiv – als Garant für Recht und Ordnung. Auch wenn er Staat und Kirche nicht als Einheit sah, so meinte er doch, dass sich die christliche Kirche unter dem Schutz der Kaiser am besten entfalten könnte. Die Völker, die von außen in das Reich drängten, die „Barbaren", sah er als schlimme Bedrohung, ja als Vorzeichen eines Weltuntergangs. Ambrosius war weit entfernt zu hoffen, dass diese Eindringlinge die von der Antike und von der christlichen Botschaft geprägte Kultur aufnehmen und weitergeben könnten, wie es ja dann doch im frühen Mittelalter geschah. Trotz dieser etwas pessimistischen Sicht der Geschichte arbeitete Ambrosius, so lange er lebte, tatkräftig an der Festigung des christlichen Glaubens, und er suchte wie kein anderer

---

[5] Dassmann S. 213.
[6] Ebd. S. 221.

zeitgenössischer Bischof den Kontakt zu den Regenten.

Der erste Kaiser, mit dem Ambrosius bekannt wurde, war Valentinian I. Der übernahm im Jahr 364 die Herrschaft im Westteil des Imperiums, sein Bruder Valens den Osten. Valentinian berief Ambrosius zum Statthalter in Mailand und forderte ihn dann auch auf, die Wahl zum dortigen Bischof anzunehmen. (Das kaiserliche Placet war nötig, weil Ambrosius ein hohes Staatsamt innehatte.) Obwohl er selbst dem Nizänischen Glaubensbekenntnis zuneigte, wahrte Valentinian bei Religions- und Kirchensachen strikte Zurückhaltung. Er verkörperte das, was wir heute als staatliche Toleranz verstehen: Alle religiösen Gruppen, seien es Heiden, Juden, nizänische oder arianische Christen, konnten sich frei entfalten. Bei religiösen Streitigkeiten mischte sich der Staat nicht ein. Das wurde dankbar vermerkt, nachdem sich der vorherige Kaiser Julian Apostata massiv in religiöse Fragen eingemischt, eine heidnische Renaissance versucht und den christlichen Einfluss zurückgedrängt hatte.

Valentinian I. starb im Jahr 375. Gratian, sein Sohn und Nachfolger im Westreich, war gerade sechzehn Jahre alt. Sofort musste sich der noch Unerfahrene mit der Verteidigung der Nordgrenzen befassen. Kaum war das einigermaßen gelungen, rief ihn sein Onkel Valens um Hilfe in höchster Not: Die Westgoten waren in die Balkanländer eingedrungen. Aber bevor Gratian mit einem Heer Beistand leisten konnte, wurde Valens bei Adrianopel besiegt. Er selber starb in der Schlacht. Gratian, neunzehn Jahre alt, stand vor einem Abgrund. Wie sollte er das riesige Reich zusammenhalten? Aber er traf eine kluge Entscheidung. Er berief den kampferprobten Reitergeneral Theodosius zum Regenten für die östliche Reichshälfte. Theodosius erhielt den Beinamen „der Große". Er regierte von 379 bis 395, die beiden letzten Jahre als Alleinherrscher. Und er konnte in dieser Zeit die staatliche Ordnung nach außen und nach innen festigen.

Gratian trug die Verantwortung für den Westen. Da er oft in Mailand residierte, suchte er den Kontakt zum Bischof und seinen Rat, z. B. bei der Frage, was es mit dem Streit der Arianer und Nizäner auf sich hat. Ambrosius widmete ihm (wie schon erwähnt) die fünf Bücher „De fide". Auch in anderen Fragen ließ sich der junge Kaiser vom Bischof beraten. Der Senat in Rom wurde immer noch von Adeligen bestimmt, die an den alten heidnischen Traditionen festhalten wollten. Eine Delegation bot dem Kaiser den Titel „Pontifex Maximus" mit dem entsprechenden Priestergewand an. Der Titel besagte, dass der Kaiser als „höchster Priester" der Segensvermittler zwischen den Göttern Roms und den Menschen des Reichs war. Als

Christ empfand Gratian diese Vorstellung als gotteslästerlich. Ebenso lehnte er den Antrag der Senatoren ab, den Altar der Victoria in der Senatskurie wieder zu errichten. Früher pflegte man der Göttin vor jeder Sitzung ein Weihrauchopfer darzubringen.

Wie schon erwähnt, kämpfte Ambrosius aus tiefer Überzeugung für das Nizänische Glaubensbekenntnis (vergl. dazu das Kapitel 5). Der Kaiser Theodosius stimmte darin mit dem Bischof überein. Und er beendete den arianischen Streit, indem er im Jahr 381 ein oekumenisches Konzil nach Konstantinopel berief. Hier beschlossen die Bischöfe das so lange umstrittene Bekenntnis endgültig. Der Kaiser erhob es zum Reichsgesetz. Damit war die arianische Lehre mit all ihren Varianten von Staats wegen verboten. Auf Anraten von Ambrosius berief Kaiser Gratian im selben Jahr für den Westen eine Synode nach Aquileia, die den gleichen Beschluss fasste.

Das Bekenntnis von Nizäa und Konstantinopel beschreibt sicher am adäquatesten das Mysterium, dass sich der *eine* Gott als Schöpfer, Erlöser und Heiliger Geist geoffenbart hat. Dass es allerdings mit staatlichem Zwang durchgesetzt wurde, empfinden wir heute als anstößig.

Kaiser Gratian wurde nicht alt. Im Jahr 383 machten die Legionäre in Britannien einen Aufstand und riefen ihren General Magnus Maximus zum Gegenkaiser aus. Er konnte Gallien besetzen, und er besiegte Gratian, als der ihm entgegentrat. Er veranlasste es wohl auch, dass Gratian in Lyon ermordet wurde.

Wieder war die staatliche Ordnung aufs Höchste bedroht (wie fünf Jahre zuvor nach dem Sieg der Westgoten über Kaiser Valens). Gratians Nachfolger wurde sein zwölfjähriger Halbbruder Valentinian II. Dessen Mutter war Justina, die zweite Frau des Kaisers Valentinian I. (Im sechsten Kapitel wurde schon über sie berichtet: Sie kämpfte für das arianische Christentum und beeinflusste dementsprechend ihren Sohn.) Da Gratian bei seinem Versuch, den Usurpator in Gallien aufzuhalten, sein Heer verloren hatte, konnte Valentinian II. nichts mehr an Truppen aufbieten, sollte Maximus den Entschluss fassen, in Italien einzufallen. Der Mailänder Hof bat deshalb Ambrosius, nach Trier zu reisen, um mit Maximus zu verhandeln. Der Bischof verlangte von dem General die Herausgabe des Leichnams von Gratian, damit dieser in Mailand bestattet werden könnte. Und er schlug eine Teilung der Herrschaft vor: Maximus sollte sich mit Gallien, Britannien und Spanien begnügen und Italien dem jungen Kaiser lassen. Maximus forderte seinerseits, Valentinian II. sollte nach Trier kommen und sich unter seinen Schutz begeben. Zweimal unternahm Ambrosius die beschwerliche Überquerung der

Alpen. Die Verhandlungen brachten der Mailänder Regierung einen Zeitgewinn: Sie ließ die Alpenpässe sperren. So war ein schneller Überfall nicht mehr möglich.

Ambrosius verhandelte auch mit dem Herrscher Ostroms Theodosius und erhielt die Zusage, dieser würde dem jungen Kaiser beistehen. Als Maximus im Jahr 387 in Italien einfiel, trat ihm Theodosius entgegen. Maximus wurde besiegt und verlor sein Leben.

Theodosius residierte von 388 bis 391 in Mailand. Zwischen Kaiser und Bischof entstand ein vertrauensvolles Miteinander. Beide bewegte der gleiche Wunsch: die Christianisierung der Völker im römischen Reich. Auch Streitfälle konnten letztlich dieses gute Verhältnis nicht zerstören.

Fatal war der Brand der Synagoge in Kallinikum im Jahr 388. In dem Ort an der Grenze zu Persien hatten christliche Mönche eine Prozession geplant. Ihnen wurde von Mitgliedern der Valentinianer, einer gnostischen Sekte, mit Schimpf und Spott der Weg versperrt. Ein aufgeputschter christlicher Pöbel brannte daraufhin das Heiligtum der Valentinianer nieder. Die danebenstehende Synagoge wurde ebenfalls ein Raub der Flammen.

Daraufhin erinnerte Kaiser Theodosius den dortigen Befehlshaber, dass das Judentum im römischen Reich eine erlaubte Religion sei. Die Brandstifter müssten bestraft werden, und der Ortsbischof sollte die zerstörte Synagoge wieder aufbauen.

Da meldete sich Ambrosius: Es ginge hier nicht nur um die Frage der öffentlichen Ordnung, sondern darum, ob ein Bischof gezwungen werden könne, einen Versammlungsort zu errichten, in dem Christus geleugnet und gelästert würde. Der Befehl würde den Bischof vor die Entscheidung stellen, entweder abtrünnig oder ein Märtyrer zu werden. Ambrosius sprach den Kaiser auch auf seinen christlichen Glauben an: „Kann ein Christ etwas fordern, was dem christlichen Glauben entgegensteht?" Der Kaiser müsse auch sein eigenes Seelenheil bedenken. Theodosius fügte sich dem Einspruch des Bischofs, obwohl er sonst ein machtvoller und selbstbewusster Regent war.

Erschreckend ist die antijüdische Polemik, die sich da und dort bei Ambrosius findet. Und sie zieht sich durch die Kirchengeschichte von den ersten Jahrhunderten über das Mittelalter und die Reformation bis in die Neuzeit. Sicher waren nicht alle Christen in gleicher Weise davon infiziert. So bemühten sich die Christen in der Zeit des Pietismus und der Aufklärung um Verständnis und Toleranz für die Juden. Aber ein wirkliches Aufwachen und Umdenken geschah erst nach den unsäglichen Verbrechen der Nationalsozialisten an den Juden Europas im Zweiten Weltkrieg.

Die christlichen Theologen hatten anscheinend die heilsgeschichtliche Sicht des Apostels Paulus nicht ernst genommen, die er in den Kapiteln 9 bis 11 des Römerbriefes entfaltet. Darin ermahnt er die Christen, sie sollten sich erinnern, dass sie als ehemalige Heiden wie wilde Zweige in den Ölbaum Israel eingepfropft worden sind. Sie sollten den Juden daher nicht stolz und selbstgerecht begegnen. „Rühmst du dich aber wider sie, so sollst du wissen, dass nicht du die Wurzel trägst, sondern die Wurzel trägt dich" (Röm. 11,18).

Den Christen in den späteren Jahrhunderten hat sich aber noch ein anderes Ereignis tief eingeprägt: Dass der Bischof den Kaiser zu Reue und Buße aufforderte, und der Kaiser beugte sich. Der Anlass war das Blutbad in Thessalonich (dem heutigen Saloniki).

Folgendes war geschehen: Der Militärbefehlshaber in Illyrien hatte einen gefeierten Wagenlenker wegen eines sexuellen Vergehens verhaften lassen. Vor einem Wagenrennen im Zirkus von Thessalonich forderten die Anhänger des Stars, man solle ihn freilassen. Als der Offizier ablehnte, wurde er von der aufgebrachten Menge gelyncht. Weitere Beamte wurden schwer verletzt. Theodosius war empört. Er gab den Befehl, die Täter streng zu bestrafen. Die gotischen Legionäre lockten daraufhin die Einwohner von Thessalonich in den Zirkus und töteten sie. Zwischen 7000 und 15000 sollen es gewesen sein. Das hatte der Kaiser nicht gewollt. Aber man machte ihn für das Massaker verantwortlich. Ambrosius schrieb ihm einen seelsorgerlichen Brief. Er verwies zu Beginn auf die Bibelworte in Hesekiel 3,18. Dort wird der Prophet aufgefordert, er soll die Sünder warnen, damit sie dem Verderben entgehen. Weigert er sich, würde ihn die gleiche Strafe treffen, wie diejenigen, die sich von Gott abgewandt hatten. Nach christlicher Überzeugung schloss das Töten eines Menschen den Täter aus der Gemeinschaft der Kirche aus, wenn der Betreffende nicht öffentlich Reue und Trauer zeigte. Theodosius nahm die vorgeschriebene Bußzeit auf sich: Er kam ohne die kaiserlichen Insignien in die Kirche, bekannte, dass er gesündigt hatte und bat um Vergebung. Das geschah einige Wochen lang an jedem Sonntag. Am Weihnachtstag des Jahres 390 wurde er wieder zum heiligen Abendmahl zugelassen.

Später wurde diese Buße in Parallele gesetzt zu dem Gang von Kaiser Heinrich IV. nach Canossa (1077). Aber hier ging es um den weltlichen Machtanspruch des Papstes Gregor VII. über alle Regierenden. Ambrosius aber sorgte sich um das Seelenheil eines Kaisers, der Christ war, nicht um Weltherrschaft, wie es einige Päpste des Mittelalters anstrebten. Für die westliche Kirche blieb das Bild des büßenden Kaisers eine bleibende Erinnerung: Der Herrscher steht nicht über den Geboten Gottes. Das war Bischöfen und Pfarrern stets bewusst, die Gottes Wort ernst nahmen und sich nicht als Hofschranzen missbrauchen ließen. Valentinian II. war nominell noch der Herrscher des westlichen Reiches. Aber Theodosius hatte die eigentliche Macht. Nach dem Tod seiner Mutter Justina schloss sich der jugendliche Kaiser immer mehr Ambrosius an. Der Bischof wurde sein väterlicher Berater (so wie er es auch bei seinem Halbbruder Gratian gewesen war). Ja, Valentinian II. erlebte so etwas wie eine Bekehrung. Er legte seine früheren Unarten ab und versuchte, als christlicher Regent zu wirken. Zwei seiner Schwestern empfingen von Ambrosius den Schleier als gottgeweihte Jungfrauen.

Diese Gemeinsamkeit wurde jäh beendet. Theodosius hatte den unerfahrenen Regenten seinem Heermeister Arbogast unterstellt. Diesem missfiel offensichtlich der Einfluss des Bischofs auf den jungen Mann. Er zwang Valentinian, nach Gallien zu übersiedeln. Hier in Vienne im Palast des fränkischen Grafen wurde er wie ein Gefangener gehalten. Er trug zwar noch den Kaisertitel. Aber man zeigte ihm offen, dass er nichts zu befehlen hatte. Vergeblich versuchte er, nach Mailand zurückzukehren. Schon in Verzweiflung schrieb er an Ambrosius die Bitte, nach Vienne zu kommen, um ihm die heilige Taufe zu spenden. Unterwegs erfuhr der Bischof vom Tod des Kaisers – erdrosselt. Hatte er selber den Tod gesucht, um seiner Qual ein Ende zu machen oder war er von den Dienern Arbogasts ermordet worden? Die Wahrheit kam nie heraus. Nach einer langen Wartezeit konnte der Verstorbene im Jahr 392 in Mailand bestattet werden. Ambrosius hielt die Traueransprache, selbst tief betroffen. Einst hatte Valentinian II. den Bischof in Bedrängnis gebracht mit der Forderung, eine Kirche in Mailand der arianischen Hofgemeinde zu überlassen. Dann hatte er sich immer mehr dem Bischof angeschlossen als gelehriger Schüler. Schließlich musste er einen schlimmen Leidensweg gehen. Und seine letzte Bitte richtete er an den Bischof, die Bitte, getauft zu werden. Aber Ambrosius kam zu spät. Valentinian schied ungetauft aus dieser Welt. Was bedeutet dann das Bibelwort: „Wer da glaubt und getauft wird, der wird selig werden ...“ (Mark. 16,16)? Ambrosius erinnerte die Zuhörer bei der Totenfeier an die Bluttaufe der Märtyrer. Wenn ein Katechumene in der Verfolgungszeit vor seiner Taufe den Tod erlitt, so wurde sein Martyrium für Christus wie die Taufe gewertet: Alle Sünden sind abgewaschen! Ähnlich beurteilte jetzt der Bischof den Wunsch nach der Taufe: Wer nach der Taufe verlangt, aber vor dem Vollzug der Taufe stirbt, dem wird das fromme Begehren nach der Taufe als Taufe angerechnet. In der Folgezeit wurde das von der ganzen Kirche so gesehen.

Arbogast versuchte nach dem Tod Valentinians II., die Herrschaft über das westliche Reich an sich zu reißen. Da er als Germane nicht selber römischer Kaiser werden konnte, befahl er seinen Soldaten, den Kanzleidirektor Eugenius zu wählen.

Theodosius erkannte die Machtübernahme der beiden nicht an. Er berief seinen jüngeren Sohn Honorius zum Mitregenten. Auch Ambrosius reagierte nicht auf einen Brief des Eugenius. Da versuchte dieser, wenigstens den römischen Senat für sich zu gewinnen. Hier hatten die Anhänger des Heidentums noch immer die Mehrheit. Auf Anordnung des Eugenius erhielt der alte Kult seine Privilegien zurück; der Altar der Victoria wurde wieder errichtet. So entwickelte sich die Auseinandersetzung zwischen Arbogast und Theodosius immer mehr zu einem Kampf zwischen Heidentum und Christentum. Beide Seiten warben zusätzliche Truppen, begleitet von religiöser Propaganda. Arbogast ließ eine Kolossalstatue Jupiters und Herkulesbilder aufstellen. Ein Orakel wurde verbreitet, die Jahre des Christentums seien gleich den Tagen eines Jahres. Nahm man das Jahr 30 n. Chr. als Jahr der Kreuzigung an, dann wäre im Jahr 395 die Zeit des Christentums abgelaufen. Eugenius verkündete, er würde die Mailänder Bischofskirche in einen Pferdestall umwandeln.

Theodosius befahl Wallfahrten zu den Gräbern der Apostel und Märtyrer. Wie unter Konstantin sollte es ein Kampf unter dem Zeichen des Kreuzes werden. Als die Heere aufeinandertrafen, zögerte der Kaiser mit dem Angriff. Er wusste um die militärischen Fähigkeiten seines Gegenspielers. Aber es musste sein. Im Karstgebiet im heutigen Kroatien kam es zur Schlacht. Zunächst erlitten die Truppen des Kaisers schwere Verluste. Seine Offiziere rieten ab, den Kampf fortzusetzen. Nach einer im Gebet durchwachten Nacht gab Theodosius dennoch den Befehl zum Gegenangriff. Ein Sturmwind aus Nordost kam dem Heer des Kaisers zu Hilfe. Es war wie ein Wunder: Der Orkan blies den Soldaten der Aufrührer den Staub in die Augen; die Pfeile wurden abgelenkt; ja seine Gewalt war so stark, dass einigen die Schilde aus der Hand gerissen wurden. Theodosius siegte. Eugenius und Arbogast kamen ums Leben. Freund und Feind empfanden es als endgültigen Triumph des Christentums. Theodosius war nun der Herrscher über das ganze Imperium Romanum. Doch er war mit seinen Kräften am Ende. Dem Tode nahe, erinnerte er sich an seine Verfehlungen. Er starb als büßender Sünder, nicht als triumphierender Sieger.

Ambrosius hielt die Trauerfeier. Er rühmte die christliche Einstellung des Verstorbenen – Frömmigkeit, Milde, Demut, Gerechtigkeit – es war der erste Versuch, einen Tugendspiegel für christliche Fürsten zu formulieren. Und etwas stellte der Bischof heraus, was sich bei Christen nicht häufig findet: Der Verstorbene habe immer wieder die Vergebung gesucht, weil er um seine Sünden wusste; und er zeigte dann auch die Bereitschaft, denen zu vergeben, die an ihm schuldig geworden waren. Theodosius starb im Januar 395. Für Ambrosius war es die dritte Trauerfeier, die er für einen Kaiser hielt.

Der verstorbene Kaiser hatte das Reich unter seine beiden Söhne aufgeteilt: Arcadius regierte den Osten, Honorius den Westen. Da sie jung und unerfahren waren, erhielten beide einen Mentor. Für Honorius, der in Mailand residierte, bestimmte Theodosius den Grafen Stilicho. Der war der Sohn eines Wandalen und einer Römerin. Der Kaiser hatte ihm seine Nichte und Adoptivtochter zur Frau gegeben. So war Stilicho mit der Kaiserfamilie verbunden und loyal. Obwohl der Bischof und der kaiserliche Hof in derselben Stadt wohnten, kam es nicht zu solch intensiven Begegnungen und Auseinandersetzungen wie zuvor mit Gratian, Valentinian II. und Theodosius. Die Autorität des Bischofs war unangefochten, weit über Mailand hinaus. Aber der junge Kaiser und sein Heermeister mieden, wenn möglich, den Kontakt. Eine Anekdote deutet freilich an, wie sehr Stilicho den Bischof schätzte. Als dieser erkrankte, soll der Graf Honoratioren der Stadt aufgefordert haben, den Bischof zu besuchen und ihn aufzufordern, er möge Gott um eine Verlängerung seines Lebens bitten; denn „der Untergang Italiens stünde bevor, wenn ein so großer Mann aus dem Leben scheide." Ambrosius habe den Besuchern geantwortet „Ich fürchte mich nicht zu sterben; denn wir haben einen gütigen Herrn."

11. Abkehr und Abschied von der Welt

Ambrosius konnte bis zu seinem Tod ohne große Gesundheitsprobleme seinen Dienst tun. Er leitete die Gemeinde in Mailand als gewissenhafter Lehrer und Seelsorger, verfasste theologische und erbauliche Schriften, pflegte einen regen Briefwechsel, sorgte sich um die Gemeinden in benachbarten Städten, und es gelang ihm, dass dort einige seiner Schüler als Bischöfe eingesetzt wurden.

Sein Biograph Paulinus war Zeuge dieser letzten Jahre. Und er beschrieb die Gestalt des Bischofs in der Weise, dass für die Folgezeit ein neues Heiligenideal entstand. Märtyrer gab es ja zunächst nicht mehr, aber Glaubenszeugen in einer Kirche, die in Gefahr war, sich immer mehr den Sitten der Welt anzupassen. So ein Glaubenszeuge war Ambrosius. Er betrieb keine übertriebene Askese. Aber er lebte ehelos und keusch; er fastete und betete viel; er sorgte dafür, dass Arme, Kranke und Gefangene Hilfe bekamen und spendete dazu sein ganzes Vermögen. Als er starb, hatte er nichts mehr zu vererben. Er war ein fleißiger Arbeiter und bemühte sich, durch Predigten und Schriften den Menschen das Evangelium nahezubringen. Paulinus erwähnt auch, dass in der Gegenwart des Bischofs Kranke gesund und Besessene frei wurden.

In seinen Altersschriften zeigt sich Ambrosius allerdings nicht als der triumphierende Sieger, der doch viel erreichen konnte, auch nicht abgeklärt, altersweise und heiter, sondern eher ernst und resignierend. Er wusste von vielen vergeblichen Bemühungen in der Seelsorge. Er sah Geiz und Habgier, selbst bei Klerikern, die keine Familie zu versorgen hatten. Er erlebte den Hochmut bei den Frommen und ihre Schwachheit gegenüber den fleischlichen Begierden. Dazu kamen die politischen Sorgen: Die Germanen und Hunnen durchbrachen die Grenzen des Imperiums, das immer neue Schwachstellen aufwies und dessen militärische, moralische und kulturelle Kraft erlahmte. Das Schlagwort „senectus mundi" beschreibt, wie die Nachdenklichen die Situation einschätzten – „Greisenalter der Welt". Das römische Reich, das für Jahrhunderte die Länder rund um das Mittelmeer beherrscht und geprägt hatte, war gealtert, überall konnte man die Zeichen von Niedergang und Verfall erkennen. Ambrosius sah in der Völkerwanderung ein Vorzeichen des Weltendes. Dass die Einwanderer die christlich–römische Kultur übernehmen und weiterentwickeln würden, erhoffte er nicht. Obwohl er selbst die klassische Bildung in sich aufgenommen hatte und von ihr geprägt worden war, wurde sie ihm immer unwichtiger. An ihre Stelle traten die Aussagen der Heiligen Schrift. Hatte man am Anfang seines bischöflichen Dienstes den Eindruck, dass er seine Argumente oft aus der stoischen und neuplatonischen Philosophie bezog, so sollte jetzt die Bibel allein Norm und Richtschnur sein. Seine Frömmigkeit und seine Theologie beschrieb er mit dem Begriff „fuga saeculi". Nicht Weltgestaltung, sondern Abkehr von der Welt bestimmten sein Denken und seine Frömmigkeit – „Weltflucht", eine Haltung, die bei den heutigen Christen verpönt ist und abgelehnt wird. Aber vielleicht bewirken diese „Weltflüchtigen" mehr in der Welt als die Angepassten und „modern" sein Wollenden. Ambrosius fand das, was er „fuga saeculi" nannte, in der Bibel vorgezeichnet: Abraham verließ seine Heimat und sein Vaterhaus, um Gottes Nähe zu erfahren. Die Braut im Hohenlied (ein Bild für die Kirche) ging aus ihrer Kammer, um den Bräutigam zu suchen. Und die Jünger Jesu „verließen alles und folgten ihm nach" (Matth. 19,27). Christen sind hier „Gäste und Fremdlinge" (Hebr. 11,13) damit sie „Mitbürger der Heiligen und Gottes Hausgenossen" werden (Eph. 2,19).

Weltflucht bedeutet für Ambrosius Freiheit. Um in dieser Freiheit zu leben, ist Buße und Umkehr immer neu erforderlich. Nur wer Sünde bereut und sich von der Sünde abwendet, kann Vergebung empfangen. Oft erzählte Ambrosius der Gemeinde die Geschichte Davids und des Schächers am Kreuz und des verleugnenden Petrus, um die Notwendigkeit der Umkehr, aber auch das Erbarmen Gottes aufzuzeigen. Sie hatten schwere Schuld auf sich geladen (Schuld, die damals zur Exkommunikation führte), aber sie bereuten und durften die Wiederannahme erleben.

Mit dem zunehmenden Alter kreiste sein Denken oft um den eigenen Tod und um das, was man später „ars moriendi" – die Kunst des Sterbens – nannte. Er spürte, dass die Tröstungen, die von heidnischen Philosophen angeboten wurden, eigentlich kraftlos waren. Auch hier suchte Ambrosius Halt und Gewissheit in den Aussagen der Bibel. Die „Kunst des Sterbens" beginnt damit, dass wir uns jeden Tag vor Augen halten: „Ich muss sterben, ich gehe meinem Tod entgegen." Und das macht uns bereit, als Sünder mit Christus zu sterben, damit wir mit ihm auferstehen zu einem neuen Leben, wie es die Taufe vorzeichnet (Röm. 6,4). Diese Erfahrung stärkt unser Vertrauen, dass wir der Erlösung entgegen gehen, zu dem, der seinen Dienern die Wohnungen bereitet hat (Joh. 14,2 f.). In einem Traktat über das Sterben schreibt der Bischof, dass Christus dann sprechen wird: „Fürchtet euch nicht vor den Sünden der Welt, ... denn ich bin die Vergebung der Sünden. Fürchtet euch nicht vor der Finsternis, denn ich bin das Licht. Fürchtet euch nicht vor dem Tod, denn ich bin das Leben. Jeder, der zu mir kommt, wird den Tod in Ewigkeit nicht schauen." Für Ambrosius ist allein Christus die Antwort auf das, was Sterben und Tod an Angst, Schmerz und Dunkelheit für sterbliche Menschen bedeutet.

Das eigene Sterben vollzog sich bei Ambrosius leise, unspektakulär und fromm. Er hatte in Pavia den Bischof geweiht. Nach seiner Rückkehr überfiel ihn eine Krankheit und fesselte ihn ans Bett. Die Abgesandten des Grafen Stilicho, die die Bitte geäußert hatten, der Bischof möge um die Verlängerung seines Lebens beten, schickte er mit der schon erwähnten Antwort weg: „Ich fürchte mich nicht zu sterben, denn wir haben einen gütigen Herrn." Er verbrachte die letzten Tage im stillen Gebet und mit Gesprächen, wenn Besucher Abschied nehmen wollten. Als sich die Mailänder Diakone in einiger Entfernung flüsternd unterhielten, wer wohl der Nachfolger des Bischofs werden könnte, fiel der Name des Priesters Simplizian. Er war älter als Ambrosius und hatte ihm in seinen ersten Jahren als Bischof Hilfestellung gegeben, wenn es um Fragen der Lehre und der Liturgie ging. Als der Name genannt wurde, rief Ambrosius dreimal laut: „Ein alter Mann, aber gütig." Damit hatte er seinen Nachfolger bestimmt. Bischöfe aus der Nachbarschaft besuchten ihn und beteten mit ihm. Der Bischof Honoratus von Vercelli, für dessen Wahl sich Ambrosius eingesetzt hatte, blieb einige Tage. Er schlief im Obergeschoss. In der Nacht zum Karsamtag (4. April 397) hörte er eine Stimme: „Steh auf, eile, denn er wird gleich sterben." Er trat an das Bett des Sterbenden und reichte ihm das heilige Abendmahl. Bald darauf hauchte Ambrosius sein Leben aus.

Er wurde in die Basilica Ambrosiana überführt und dort unter dem Altar bestattet. Eine große Menschenmenge versammelte sich in der Kirche und außerhalb. Auch Heiden und Juden gaben ihm das Geleit. Von einer Sterbepredigt berichtet Paulinus nichts. Vielleicht fühlte sich niemand im Stande, die richtigen Worte zu sagen. Nur das erwähnt der Biograph, dass die Menschen versuchten, mit Tüchern und Gürteln die Bahre zu berühren, um etwas von der Segenskraft des Heiligen mitzunehmen. Und dann schreibt er am Schluss eine Warnung, die schon überrascht: Er droht allen, die negativ über den Verstorbenen reden würden, mit der Strafe Gottes, und er nennt auch entsprechende Beispiele. Sollte der Bischof, der kompromisslos den Kaisern und Ministern entgegengetreten war, auch Mitarbeiter und Untergebene durch Strenge und Härte verletzt haben? Er hatte auch arianische Bischöfe bekämpft und zum Teil mitgeholfen, dass sie abgesetzt wurden. Oder waren Mitbischöfe einfach neidisch auf ihn, der nicht nur in Italien gerühmt wurde? Neid unter Frommen, das gibt es durchaus. Rätselhaft ist der Abschluss der Biographie auf jeden Fall, denn solange Ambrosius lebte und wirkte, wird dergleichen nicht erwähnt.

12. Ein Kirchenvater des Abendlandes

Ambrosius wurde nicht ein volkstümlicher Heiliger wie etwa der Bischof Nikolaus von Myra (gest. um 350 n. Chr.) oder der Bischof Martin von Tours (gest. um 396 n. Chr.). Nach ihnen wurden viele Kirchen benannt, und viele Legenden schmücken ihre Biographie. Doch Ambrosius hat in der Folgezeit die Kirche ungleich stärker geprägt als jene. Der tiefgründigste Lehrer der Alten Kirche, Augustinus, wurde durch seine Predigt bekehrt und für den Dienst in der Kirche gewonnen. Durch seine Auseinandersetzungen mit den Kaisern gewann man mit dem Mailänder Bischof die Überzeugung, dass die Kirche nie und nimmer ein Teil des Staates und der staatlichen Verwaltung sein kann. Vor allem kämpfte Ambrosius mit Erfolg dafür, dass die arianische Häresie überwunden wurde. Er war Bibeltheologe: Die Heilige Schrift war für ihn Norm und Maßstab für sein Lehren und Predigen. Und Jesus, sein Kreuz und seine Auferstehung, bildeten die Mitte seiner Frömmigkeit. Für sein Ansehen und seine Autorität spricht auch, dass die Mailänder Gottesdienstordnung, die auf Ambrosius zurückgeht, als einzige die Vereinheitlichung überstand, die von Papst und Kaiser in den verschiedenen Ländern oft mit Zwang durchgesetzt wurde, wodurch manche wertvolle Tradition unwiederbringlich verloren ging. Auch in der Ostkirche wurde Ambrosius hoch geachtet. Bei den oekumenischen Konzilien in Ephesus (431 n. Chr.), in Chalcedon (451 n. Chr.) und Konstantinopel (553 n. Chr.) beriefen sich die Konzilsväter auf seine Schriften. Und das war auch noch in den Jahrhunderten danach der Fall.

Die Reformatoren im 16. Jahrhundert prüften die Aussagen der Kirchenväter an der Bibel. Bei Übereinstimmung wurden sie anerkannt. Vor allem Augustinus und Ambrosius genossen ein hohes Ansehen. Martin Luther liebte die ambrosianischen Hymnen, er rühmte die Tapferkeit des Mailänders bei der Auseinandersetzung mit den Herrschern und seine Selbständigkeit gegenüber dem römischen Bischof. Er fand auch die Lehre von der Rechtfertigung des Sünders allein durch den Glauben in den Schriften des Ambrosius, sodass er meinte: „Wir sind Ambrosianer."

Philipp Melanchthon, der große Gelehrte an der Seite Luthers, kannte Schriften des Ambrosius und zitierte sie auch in den lutherischen Bekenntnissen. Er verfasste zwei kleine Bücher über den Bischof. Das eine behandelte seinen Widerstand gegen den arianischen Kaiser: Es war richtig, dass er sich weigerte, den Soldaten die Kirche auszuliefern. Das zweite erzählt von dem Mut des Bischofs, vom Kaiser Theodosius nach dem Blutbad von Thessalonich Buße zu fordern. Die Schriften des Kirchenvaters wurden damals den Studenten zum Studium empfohlen.

In unserer Zeit besteht eine große Divergenz, was Ambrosius betrifft. Unter den evangelischen Pfarrern und bei den Gemeindegliedern ist Ambrosius weithin unbekannt. Von den Geschichtswissenschaftlern aber wird an diesem Thema viel gearbeitet, so dass Kenner sagen, die Zahl der Veröffentlichungen sei unüberschaubar groß geworden. Das hat allerdings bei uns keine Auswirkung auf Lehre und Verkündigung. Die Kirchenväter wurden schon im 19. Jahrhundert madig gemacht mit dem Vorwurf, sie hätten mit Hilfe von Begriffen aus der griechischen Philosophie versucht, das Geheimnis Gottes und Jesu zu „erklären", und das sei unangemessen. Was dann allerdings die Bemühung um den „historischen Jesus" bis heute zuwege brachte, war wohl noch viel weniger überzeugend. Man bekommt nämlich den Eindruck, dass aus jedem dieser Jesusbilder das Gesicht des betreffenden Herrn Professors hervorschaut. Er hat das mit seinen Forschungen „herausgefunden", was er an Vorverständnis und vorgefasster Meinung mitbrachte. Jesus war dann so, wie es der Forscher für möglich und richtig ansah – Jesus, der wandernde Rabbi, Jesus, der Sozialist, der Revolutionär, der Prediger der Nächstenliebe und, und, und … Wir Evangelischen haben nicht nur die Verbindung zu den reformatorischen und altkirchlichen Vätern verloren, sondern als Folge davon auch die Heilige Schrift als Fundament. Im Laufe der Kirchengeschichte hat es sicher Irrwege und Irrlehren gegeben. Aber der Versuch, ohne Beachtung dessen, was vor uns geglaubt und gelehrt wurde, die Bibel auszulegen, ist mindestens riskant. Kirche beginnt eben nicht mit mir und meinem Erkennen. Oekumene ist daher zur Zeit eine ziemlich oberflächliche Angelegenheit. Man bekämpft sich nicht; man übt nicht einmal Kritik an der anderen Konfession. Aber die Gräben wurden immer tiefer und breiter. Während die römisch–katholische Kirche durch die Dogmen von 1854, 1871 und 1950[7] neue Probleme geschaffen hatte, tut es seit Jahrzehnten der Protestantismus in atemberaubender Weise, angefangen mit der Ordination von Frauen bis zur Gender–Ideologie.

---

[7] Es handelt sich – grob gesagt – um das Dogma von der unbefleckten Empfängnis Marias, von der Unfehlbarkeit des Papstes und von der leiblichen Aufnahme Marias in den Himmel.

Meine Begegnung mit Ambrosius hat mir gezeigt, dass Oekumene dann Verheißung haben kann, wenn wir zur Heiligen Schrift als dem alle Konfessionen verbindenden Fundament zurückkehren und wenn wir auf die Aussagen der Väter hören, die in einer Zeit lebten, als die Kirche noch nicht in Konfessionen getrennt war.

II. Die Hymnen des Ambrosius

Einführung

„Vater des lateinischen Kirchengesanges" – dieser Beiname wurde Ambrosius gegeben. Er dichtete Hymnen für die gottesdienstliche Gemeinde in Mailand. Zuvor wurden in der lateinisch sprechenden Westkirche hauptsächlich Psalmen gesungen, vielleicht auch die neutestamentlichen Cantica wie Magnificat und Benedictus (Luk. 1,46–55; 1,68–79). Aber der Reichtum an Kirchengesängen, der im Neuen Testament erwähnt wird – „Psalmen, Hymnen, geistliche Lieder" (Eph. 5,13) – und der auch in der griechisch sprechenden Ostkirche vorhanden war, fehlte zunächst in den Gemeinden in Italien, Gallien, Spanien und Nordafrika. Den ersten Versuch, das Singen im Gottesdienst zu bereichern, unternahm Hilarius, seit 355 n. Chr. Bischof in Poitiers. Weil er am Nizänischen Glaubensbekenntnis festhalten wollte, wurde er schon im folgenden Jahr vom Kaiser Konstantius nach Kleinasien verbannt. Hier lernte Hilarius die Hymnen der griechischen Gemeinden kennen. Das regte ihn an, Ähnliches auch in lateinischer Sprache zu dichten. Nach seiner Rückkehr in die Heimat versuchte er, diese Art des Singens in der Gemeinde in Poitiers einzuführen. Aber seine Dichtungen konnten sich nicht durchsetzen. Sie waren vielleicht zu kompliziert in Bezug auf Versmaß und Sprache, vielleicht auch zu langatmig. Von seinem Hymnenbuch sind nur noch Fragmente in unsere Zeit gelangt.

Dagegen war den Hymnen des Ambrosius ein durchschlagender Erfolg beschieden. Sie sind knapp in der Form und klar in ihrem Aufbau: Acht Strophen zu je vier Zeilen. Als Versmaß verwendet Ambrosius vierfüßige iambische Dimeter, d. h. jede Zeile besteht aus acht Silben, wobei immer die nachfolgende Silbe betont wird. Wenn zwei Vokale zusammentreffen, werden sie zu einer Silbe zusammengezogen.

Die Hymnen sind tiefgründig in der theologischen Aussage und doch verständlich: Das Geheimnis der Dreifaltigkeit, Christus – Gott und Mensch – sein Erlösungswerk und sein Sieg über Sünde und Tod, unser Angewiesensein auf ihn, das wird nicht in abstrakten Begriffen, sondern mit Bildern und Gleichnissen aus der Bibel und aus der Natur zum Leuchten gebracht – Lyrik, die Verstand und Herz berührt.

Die Hymnen wurden abwechselnd von zwei Chören gesungen, z. B. Strophe eins von den Männern, Strophe zwei von den Frauen und Kindern. Melodie und Texte hatten eine starke

Wirkung auf die Sänger und Zuhörer, sodass die arianischen Kritiker von „Hexerei" sprachen. In der Öffentlichkeit wahrgenommen wurde diese neue Art des Singens im Frühjahr 386, als Kaiser Valentinian II. und seine Mutter Justina eine Basilika in Mailand von Soldaten besetzen ließen. Da versammelte sich die Gemeinde während der ganzen Karwoche im Gotteshaus. Und es wurden dann auch die ambrosianischen Hymnen gesungen. Das stärkte den Mut und das Durchhaltevermögen. Augustinus war dabei und schildert in seinen Erinnerungen, wie dieses Singen die Menschen zu einer bekennenden Gemeinschaft zusammenschloss. Wenige Jahrzehnte später wurden die „hymni Ambrosiani" in Italien, Gallien, Spanien und Nordafrika gesungen und Prediger zitierten Textzeilen aus ihnen in ihren Ansprachen und Büchern.

Es geschah dann in der Folgezeit, dass weitere Hymnen im Stil der ambrosianischen verfasst wurden. Da sie ohne den Namen des Autors in den Gebet– und Gottesdienstbüchern Aufnahme fanden, entstand im Laufe der Jahrhunderte eine große Zahl der „hymni Ambrosiani". In neuerer Zeit versuchten wissenschaftliche Untersuchungen, die „echten", von Ambrosius stammenden, herauszufinden. Heute werden von den Hymnologen zumindest vierzehn Gedichte dem Mailänder Bischof zugeschrieben: Vier zu den Tageszeiten („Hahnenschrei", „Sonnenaufgang", „Dritte Stunde", „Abend"), drei zu den Kirchenfesten („Weihnachten", „Epiphanias", „Ostern") und sieben zu Märtyrergedenktagen.

Die Hymnen des Ambrosius sind gebetete Dogmatik: Immer wieder wird ausgesprochen, dass sich der *eine* Gott als Vater, Sohn und Heiliger Geist geoffenbart hat d. h. die Lieder verkünden die Wahrheit des Nizänischen Glaubensbekenntnisses. Dabei geht es nicht um eine abstrakte Theorie, sondern um unser Heil: Der von der Jungfrau Maria geborene Jesus, der Gottheit und Menschheit in seiner Person vereinigt, hat durch sein Kreuzesopfer und durch seine Auferstehung unsere Erlösung vollbracht – kein Mensch, nur er vermochte es. Und das Heil wird Gegenwart in der um Wort und Sakrament versammelten Gemeinde. Die Hymnen sind nicht so sehr Missionslieder, die Außenstehende in die Gemeinde rufen, sie sind Gebete der Getauften und Glaubenden um Stärkung und Bewahrung. Ambrosius sieht durchaus die Gefahr, dass der Glaubende wieder von Christus abfallen kann, aber auch die Möglichkeit von Reue und Umkehr. Die Beispiele von Petrus und vom Schächer am Kreuz trösten ihn. Aber nicht nur trösten sollen die Hymnen. Sie wollen ermutigen, Christus zu bekennen. Vorbild dafür sind die Märtyrer. Sieben der vierzehn Ambrosius zugeschriebenen Hymnen preisen ihr

Lebensopfer. Kritische Stimmen meinen, durch den Mailänder Bischof sei der Märtyrerkult forciert worden. Aber es ging ihm wohl nicht um einen neuen Kult, sondern um die Tatsache, dass zum Christwerden und Christbleiben Hingabe und Opfer nötig sind: „Wer sein Leben erhalten will, der wird's verlieren; wer aber sein Leben verliert um meinetwillen, der wird's erhalten" (Luk. 9,24). In unserer Zeit, in der Christenverfolgungen einen neuen Höhepunkt erreichen, werden wir wieder daran erinnert.

Ich schrieb schon am Anfang des Buches, dass mich die Hymnen sehr angesprochen haben, und dass sie der Grund waren, mich mit Ambrosius eingehender zu beschäftigen. Besonders zwei wissenschaftliche Veröffentlichungen halfen mir, diese Dichtungen besser zu verstehen: Alexander Zerfaß schrieb ein tiefgründiges Werk über die drei Festtagshymnen; von Arthur Sumner Walpole stammt ein umfangreiches Werk über frühchristliche Hymnen, auch über die des Ambrosius. Die weiteren Bücher, die mir zu diesem Thema geholfen haben, bringe ich als Literaturangabe am Ende dieses II. Abschnitts.

Der ambrosianische Weihnachtshymnus und auch weitere wurden schon ins Deutsche übersetzt. Zum Beispiel schenkte uns Martin Luther eine Nachdichtung von „Intende, qui regis". Fast alle Bearbeiter versuchten, das ursprüngliche Versmaß, den vierfüßigen iambischen Dimeter, beizubehalten. Da das Lateinische viel kürzer und prägnanter Aussagen machen kann als unsere deutsche Sprache, empfand ich diese Übertragungen und Nachdichtungen oft als zu knapp und zu blass. Sie blieben hinter dem Reichtum an theologischer Aussage und hinter der Tiefe und Bildhaftigkeit des Originals zurück. So habe ich einen weiteren Versuch unternommen. Meine Nachdichtungen sind nicht immer eine wörtliche Übersetzung, sondern sie möchten den Sinn und die Aussage des Hymnus erfassen und wiedergeben. Dazu reichte der vierfüßige Iambus nicht aus. Ich versuche es mit fünf Hebungen und Senkungen. Das erlaubte z. B. lateinische Partizipien in Sätze aufzulösen. Ich denke, dass das etwas längere Versmaß mehr Raum zum Verstehen ermöglicht.

1. Aeterne rerum Conditor

Das Gedicht beschreibt die Dämmerung des frühen Morgens, den Beginn eines neuen Tages. Ihn kündet das Krähen des Hahnes an. Bei Ambrosius wird der Hahnenschrei und das stärker werdende Licht durchscheinend für Christus und sein Wirken.

Lied zum Hahnenschrei

1 Aeterne rerum Conditor,
noctem diemque qui regis
et temporum das tempora,
ut alleves fastidium.

Ewig bist Du, SCHÖPFER aller Dinge,
Der Du Tag und auch die Nacht regierst,
fügst zur Jetztzeit neue Jahresringe
und mit Nie–Gedachtem faszinierst.

2 Praeco diei iam sonat,
noctis profundae pervigil,
nocturna lux viantibus,
a nocte noctem segregans.

Schon ertönt des Tageskünders Krähen,
der stets wachsam ist in dunkler Nacht,
hilft, wenn Wanderer nach Lichtern spähen,
zeigt den Stundenfortgang dem, der wacht.

3 Hoc excitatus Lucifer,
solvit polum caligine,
hoc omnis errorum chorus,
vias nocendi deserit.

Kräht er, tritt der Morgenstern heraus,
der des Himmels Schwärze lässt erblassen,
treibt die Horde der Dämonen aus,
dass sie ihren Unheilsweg verlassen.

4 Hoc nauta vires colligit
pontique mitescunt freta,
hoc ipse petra ecclesiae
canente culpam diluit.

Weckruf hat dem Schiffsmann Mut gebracht,
hofft, des Meeres Toben nimmt ein Ende;
rührt den „Fels der Kirche" an mit Macht:
Er bereute, dass er Gnade fände.

5 Surgamus ergo strenue,
gallus iacentes excitat
et somnolentos increpat,
gallus negantes arguit.

Ja, erheben wir uns, werden wach,
denn der Hahn scheucht, die im Bette liegen,
die Schlaftrunkenen weckt er mit Krach,
die sich weigern, wird er auch besiegen.

6	Gallo canente spes redit,	Hahnenschrei kann wieder Hoffnung wecken,

6 Gallo canente spes redit,
  aegris salus refunditur,
  mucro latronis conditur,
  lapsis fides revertitur.

Hahnenschrei kann wieder Hoffnung wecken,
Kranke spüren neue Lebenskraft,
und der Räuber muss den Dolch verstecken,
Glaube kehrt zurück, durch Schuld erschlafft.

7 Iesu, labentes respice
  et nos videndo corrige;
  si respicis, lapsus cadunt
  fletuque culpa solvitur.

Jesus, wenn wir straucheln, blick' uns an,
bring zurecht, die wir uns sicher wähnen.
Wen Du anblickst, dessen Fehl zerrann
und die Schuld löst sich in Reuetränen.

8 Tu lux, refulge sensibus
  mentisque somnum discute.
  Te nostra vox primum sonet,
  et vota solvamus Tibi.

Du, LICHT, strahle auf in unsern Seelen
und vertreib' des Geistes Schläfrigkeit.
DICH zuerst lobpreisen unsre Kehlen,
das Versprochene zu tun, bereit.

Anmerkungen:

Strophe 1 Christus ist der Mittler der Schöpfung. Durch ihn wurde das All geschaffen (Kol. 1,15–17). Die Gesetze der Natur, das gleichmäßige Fortschreiten der Tage und Jahre, all das weist auf ihn hin. Doch er bringt auch „Nie-Gedachtes" in die Welt: Das Aufwachen aus dem Unglauben, die Umkehr hin zu Gott und das Neuwerden des Lebens.

Strophe 2 Vor der Erfindung der Uhr galt der erste Hahnenschrei als Beginn des Tages: Christus bringt Orientierung. Er verkündet den neuen Tag, die Zeit der Erlösung.

Strophe 3 Der Morgenstern (d. i. der Planet Venus) wird vor Sonnenaufgang im Osten sichtbar. Er ist Symbol für Christus (Offenb. 22,16). Mit ihm beginnt der Tag des Heils. Wo er gegenwärtig ist, müssen die Dämonen weichen.

Strophe 4 Eine Nacht im Sturm bei heftigem Wellengang ließ die Seeleute verzagen. Jetzt bei anbrechendem Tageslicht fassen sie neuen Mut. Das tobende Meer ist oft ein Bild für die Völkerwelt, die nicht zur Ruhe kommt und Chaos anrichtet. Jesus schenkt den Verzagenden Mut und Zuversicht. Er wird die Weltgeschichte zu einem guten Ende führen. Und er schenkt den Verirrten Umkehr und Buße: Petrus, der „Fels der Kirche" (Matth. 16,13–20), hatte den

Herrn im Hof des Hohenpriesters verleugnet. Das Krähen eines Hahnes brachte ihn zur Besinnung. Er weinte bitterlich (Luk. 22,60–62).

Strophe 5 Das Aufwachen und Aufstehen am Morgen wird zum Gleichnis für das Aufwachen und Aufstehen vom „Schlaf der Sünde" (Röm. 13,11–14). Die Strophe enthält eine Steigerung: Vom natürlichen Schlaf zur Schläfrigkeit, wenn wir uns gegen das Aufstehen sträuben, und schließlich, wenn wir die Wirklichkeit nicht wahrhaben wollen, indem wir den Glauben an Christus leugnen. Aber er kann auch das überwinden.

Strophe 6 Das oben Gesagte wird hier entfaltet: Christus kann neue Hoffnung und Lebenskraft schenken. Er kann Menschen in ihren bösen Absichten hindern. Er kann verloren gegangenen Glauben neu wecken.

Strophe 7 Aus der Schilderung des anbrechenden Tages wird ein persönliches Gebet. Noch einmal wird an die Reue des Petrus erinnert. Wie ihn möge der Herr den Beter gnädig anblicken und vor Fehltritten bewahren.

Strophe 8 Der neue Tag wird durch Jesus zu einem Neubeginn. Er erleuchtet unsern Geist und überwindet unsere Trägheit. Mit dem Morgenlob erneuert der Beter sein Gelöbnis, das er bei seiner Bekehrung und Taufe gegeben hat.

2. Splendor paternae gloriae

Das wachsende Licht des Tages wird Gleichnis und Sinnbild für das Offenbarwerden des Dreieinigen Gottes: Er begegnet uns als Vater, Sohn und Heiliger Geist.

Lied zum Sonnenaufgang

1 Splendor paternae gloriae,
   de luce lucem proferens,
   lux lucis et fons luminis
   dies dierum inluminans

2 verusque sol, inlabere,
   micans nitore perpeti
   jubarque Sancti Spiritus
   infunde nostris sensibus.

3 Votis vocemus et Patrem,
   Patrem perennis gloriae,
   Patrem potentis gratiae,
   culpam releget lubricam,

4 informet actus strenuos,
   dentem retundat invidi,
   casus secundet asperos,
   donet gerendi gratiam,

5 mentem gubernet et regat
   casto fideli corpore;
   fides calore ferveat,
   fraudis venena nesciat.

Abglanz väterlicher Herrlichkeit,
Du bringst Licht vom Licht in diese Welt,
Licht des Lichtes, Lichtquell, leuchtest weit,
klarer Tag, der jeden Tag erhellt,

wahre Sonne, lass uns nicht im Dunkeln,
strahlst als nie verlöschend heller Glanz.
HEIL'GER GEIST, und Deines Lichtes Funkeln,
es erfülle unsre Seelen ganz.

Auch zum VATER lasst uns bittend flehen,
Dessen Herrlichkeit beständig bleibt,
Dessen Gnadenmacht nie wird vergehen,
dass ER trügerische Lust vertreibt.

ER befähige zu guten Taten,
mache stumpf des bösen Neiders Zahn,
wend' zum Guten, was uns könnte schaden,
was wir tun, das schau' ER gnädig an.

Unsern Geist ER lenke und regiere,
dass der Leib zuchtvoll und tüchtig sei.
Glaube sich mit Feuereifer ziere,
vor dem Gift der Irrlehre sich scheu'.

6 Christusque nobis sit cibus, potusque noster sit fides, laeti bibamus sobriam ebrietatem Spiritus.	Christus sei uns Lebensbrot und Speise, Glaube Quell, aus dem die Seele trinkt, dass sie auf geheimnisvolle Weise nüchtern in den Rausch des GEISTES sinkt.
7 Laetus dies hic transeat, pudor sit ut diluculum, fides velut meridies, crepusculum mens nesciat.	Glücklich möge dieser Tag fortschreiten, Scham sei wie das klare Morgenlicht, Glaube stark und hell wie Mittagszeiten, Abendzwielicht kenn' die Seele nicht.
8 Aurora cursus provehit, aurora totus prodeat in Patre totus Filius, et totus in Verbo Pater.	Morgenrot nimmt weiter seinen Lauf, offenbart die GOTTHEIT fort und fort. Völlig geht der SOHN im VATER auf, und der VATER ganz in Seinem WORT.

Anmerkungen:

Strophe 1 Es klingt Hebr. 1,3 an. Christus ist „der Abglanz seiner Herrlichkeit und das Ebenbild seines Wesens." In Christus kommt Gottes Wirklichkeit in diese Welt. Ambrosius zitiert Worte aus dem Nizänischen Bekenntnis: Christus ist „Gott von Gott, Licht vom Licht, wahrer Gott vom wahren Gott …"

Strophe 2 Die Worte aus Maleachi 3,20: „Euch soll aufgehen die Sonne der Gerechtigkeit und Heil unter ihren Flügeln" wurde als Weissagung auf Christus verstanden. Die beiden ersten Strophen des Hymnus beschreiben das Kommen Gottes in die Welt, ja in das Innerste der Menschen: Er wohnt durch seinen Geist in der Seele der Glaubenden. Sie werden „Kinder des Lichtes" (Joh. 12,3).

Strophe 3 Der Heilige Geist befähigt uns zu beten. Die Bewegung Gottes, des Vaters, durch Christus und seinen Geist hin zu uns wendet sich in der Anbetung zurück zu ihm, dem Ursprung aller Herrlichkeit und Gnade. Die wichtigste Bitte ist die um Bewahrung vor Verführung zur Sünde, weil sie die Gemeinschaft mit ihm zerstören würde.

Strophe 4 Es geht um Bewahrung und Bewährung im Alltag: Gutes tun und Böses lassen, Schutz vor leiblicher und geistlicher Bedrohung. Ambrosius rechnet mit der Macht Satans (Zeile zwei).

Strophe 5 Der Dichter betont: Wichtig ist die Heiligung des leiblichen Lebens und die Abwehr falscher Lehre. Ethos und Dogma gehören zusammen.

Strophe 6 Christus schenkt Frieden. Er stillt den Hunger und den Durst nach Leben (Joh. 4,14; 6,51). Die Worte „sobria ebrietas" (nüchterne Trunkenheit) verwendet Ambrosius wiederholt. Sie beschreiben wohl die Art seiner Frömmigkeit: Freudiges Ergriffensein, überschwängliche Hingabe und Begeisterung, vielleicht sogar Ekstase, aber die Klarheit vernünftigen Denkens bleibt stets gewahrt. Wörtlich heißen die Zeilen drei und vier: „Lasst uns freudig den nüchternen Rausch des Geistes trinken."

Strophe 7 Das Licht der Tageszeiten wird Abbild für das christliche Leben: Die Klarheit des Morgens steht für Sündenerkenntnis und Reue, die Helligkeit und Stärke der Mittagssonne für die Kraft des Glaubens, das Dämmerlicht am Abend aber für verschwommene Meinungen über das Christentum. Das Letztere soll der Christ überwinden.

Strophe 8 Das stärker werdende Tageslicht von der Morgenröte zur Mittagshelle ist Gleichnis für die göttliche Offenbarung. Das Nizänum wird über die arianische Häresie siegen: Christus ist Gott wesensgleich; Vater und Sohn sind *eines* Wesens.

3. Iam surgit hora tertia

In der „dritten Stunde", d. h. um 9 Uhr am Vormittag, wurde Christus ans Kreuz geschlagen (Mark. 15,25). Und in der dritten Stunde erlebten die Jünger das Pfingstwunder, das Kommen des Heiligen Geistes (Apostelgesch. 2,15). Ambrosius urteilt: „Jetzt begannen die glücklichen Zeiten" (Strophe 4).

Lied zur dritten Stunde

1 Iam surgit hora tertia,
   qua Christus ascendit crucem,
   nil insolens mens cogitet,
   intendat affectum precis.

Nun bricht die dritte Stunde an, die Zeit,
da Christus wird an Seinem Kreuz erhöht.
Vernunft, sieh's nicht mit Überheblichkeit,
richt' deine Leidenschaft ganz aufs Gebet.

2 Qui corde Christum suscipit,
   innoxium sensum gerit
   votisque praestat sedulis,
   Sanctum mereri Spiritum.

Wer nämlich Christus in sein Herz aufnimmt,
trägt in sich Unschuld und den reinen Sinn.
Und wer treu betet, der erlangt bestimmt
den HEIL'GEN GEIST als wertvollsten Gewinn.

3 Haec hora, quae finem dedit
   diri veterno criminis,
   mortisque regnum diruit,
   culpamque ab aevo sustulit.

Die Stunde ist's, da ER beendet hat
den langen Schlaf der unheilvollen Schuld,
zerbrach die Todesmacht an unsrer statt,
trug aller Zeiten Sünde in Geduld.

4 Hinc iam beata tempora
   coepere Christi gratia:
   Fidei replevit veritas
   totum per orbem ecclesias.

Sogleich begann von da an eine Zeit,
gesegnet, glücklich durch die Gnad' des HERRN,
und diese Glaubenswahrheit stärkt, erfreut
die Kirchen auf dem Erdkreis, nah und fern.

5 Celso triumphi vertice,
　matri loquebatur suae:
　En filius, mater tuus;
　Apostole, en mater tua.

Erhöht am Kreuz als Seinem Siegesthron
sah ER die Mutter und Johannes steh'n
und sprach: „Sieh, Mutter, er ist jetzt dein Sohn."
„Apostel, sorg' für sie!" So ist's gescheh'n.

6 Praetenta nuptae foedera
　alto docens mysterio,
　ne virginis partus sacer
　matris pudorem laederet.

Als ein erhabenes Geheimnis lehrt
der HERR: Marias Ehebund verhüllte,
dass die Jungfräulichkeit nicht war versehrt,
als sie die heilige Geburt erfüllte.

7 Cui fidem caelestibus
　Iesus dedit miraculis:
　Nec credidit plebs impia;
　qui credidit, salvus erit.

Durch eine Stimme, die vom Himmel spricht,
so wollt' es Jesus Seinem Volk beweisen.
Doch der gottlose Pöbel glaubte nicht,
wer aber glaubt, dem wird das Heil verheißen.

8 Nos credimus natum Deum,
　partumque virginis sacrae,
　peccata qui mundi tulit,
　ad dexteram sedens Patris.

Wir glauben es: GOTT ward als Mensch geboren,
und dass die heil'ge Jungfrau IHN gebar.
ER trug die Schuld der Welt (sie war verloren),
sitzt zu des VATERS rechter Hand, fürwahr.

Anmerkungen:

Strophe 1 Der Hymnus wurde bei der Terz (dem Stundengebet um 9 Uhr) gesungen. Er erinnert die Beter an den Karfreitag, er malt ihnen das Bild vor das innere Auge: „Jetzt wird der Herr ans Kreuz genagelt!" Und sie werden ermahnt: „Das darf dich nicht unberührt und gleichgültig lassen. Er starb für dich! Bete ihn an! Danke ihm!" Überheblich ist, wer meint, er bräuchte Jesus und sein Kreuzesopfer nicht (1. Kor. 1,18 f.).
Strophe 2 Christus im Glauben annehmen, bedeutet Vergebung der Sünde und neues Leben. Und die Bitte um den Heiligen Geist wird gewiss erhört (Eph. 3,17; Luk. 11,13).
Strophe 3 Die Hingabe Christi ist Ursache und Fundament unserer Erlösung: „Christus hat dem Tode die Macht genommen und das Leben und ein unvergänglich' Wesen ans Licht gebracht

durch das Evangelium" (2. Tim. 1,10). „Siehe, das ist Gottes Lamm, welches der Welt Sünde trägt" (Joh. 1,29).

Strophe 4 Mit dem Karfreitag begann die Zeit des Heils (2. Kor. 6,2): Menschen können aus der Verlorenheit in Sünde und Tod errettet werden. Und das schenkt den christlichen Gemeinden in der ganzen Welt Kraft und Zuversicht.

Strophe 5 Christus siegte, weil Gott selber durch ihn wirkte – Gott, von der Jungfrau Maria geboren. Gottessohnschaft und jungfräuliche Geburt bedingen einander; denn kein Mensch kann den Sohn Gottes zeugen. Ambrosius glaubte an die immerwährende Jungfräulichkeit Marias. Die Geschwister Jesu (Mark. 6,3) seien demnach Verwandte gewesen. Die Szene unter dem Kreuz, als Jesus seine Mutter dem Jünger Johannes anvertraute, war für Ambrosius ein Hinweis, dass Jesus keine leiblichen Geschwister hatte (Joh. 19,25–27).

Strophe 6 „Da nun Joseph vom Schlaf erwachte, tat er, wie ihm der Engel des Herrn befohlen hatte, und nahm seine Verlobte zu sich. Und er berührte sie nicht, bis sie einen Sohn gebar, und er gab ihm den Namen Jesus." (Matth. 1,24 f.)

Strophe 7 Der Sinn dieser Strophe scheint schwierig. Kann es sein, dass Ambrosius an die himmlische Stimme erinnern will, die Glauben und Unglauben bewirkte und die ein Hinweis auf die Gottessohnschaft Jesu war? Wir lesen in Joh. 12, 28–30, dass Jesus betete: „Vater, verherrliche Deinen Namen!" Und es kam eine Stimme vom Himmel: „Ich habe ihn verherrlicht und will ihn abermals verherrlichen." Da sprach das Volk, das dabeistand und zuhörte: „Es donnerte." Die anderen sprachen: „Es redete ein Engel mit ihm". Vergl. auch die Verse 37–41.

Strophe 8 Ambrosius betont noch einmal: Die jungfräuliche Geburt des Sohnes Gottes und unsere Erlösung gehören zusammen. In den beiden letzten Strophen sind nicht nur die Juden gemeint, die den Glauben an Jesus, den Sohn Gottes, ablehnten. Es geht hier auch um ein Bekenntnis im Blick auf die Arianer. Betont heißt es: „Wir glauben!"

4. Deus Creator omnium

„Dein ist der Tag, und Dein ist die Nacht ..." so lautet in einem Formular der Anfang des Vespergebetes (Ps. 74,16). Das Dunkel der Nacht wurde in früheren Zeiten (und vielleicht auch heute) mit Gefahr, Angst und Versuchung in Verbindung gebracht. Aber auch die Nacht gehört zur guten Schöpfung Gottes (1. Mose 1,4 f.;17 f.). Auch in diese Stunden wurde Segen gelegt.

Lied am Abend mit der Bitte um behüteten Schlaf

1 Deus, Creator omnium
polique Rector, vestiens
diem decoro lumine,
noctem soporis gratia,

GOTT, DU bist der SCHÖPFER aller Dinge,
lenkst die Sternenwelt durch Deine Macht,
schmückst den Tag, dass ihn das Licht durchdringe,
mit der Gnade tiefen Schlafs die Nacht,

2 artus solutos ut quies
reddat laboris usui
mentesque fessas allevet
luctusque solvat anxios.

dass die Ruhe schenkt gelöste Glieder,
gibt zur Arbeit uns die Kraft zurück,
sie erquickt die müden Seelen wieder,
löst die Trauer über Missgeschick.

3 Grates peracto iam die
et noctis exortu preces
voti reos ut adiuves,
hymnum canentes solvimus.

Das Versprechen, Dank nach diesem Tag,
Bitten zum Beginn der Nacht zu bringen,
lösen wir jetzt ein, und helfen mag
Deine Kraft, wenn wir den Hymnus singen.

4 Te cordis ima concinant,
Te vox canora concrepet,
Te diligat castus amor,
Te mens adoret sobria,

DICH lobpreis' das Herz aus inn'rem Triebe,
DICH verkünd' die Stimme durch ein Lied,
DICH erwähle innig reine Liebe,
DICH anbete nüchtern das Gemüt,

5 ut, cum profunda clauserit
 diem caligo noctium,
 fides tenebras nesciat
 et nox fide reluceat.

dass, wenn tiefe Finsternis der Nächte
fest das Tageslicht umschlossen hält,
sie dem Glauben nicht Versuchung brächte,
vielmehr er erhellt die dunkle Welt.

6 Dormire mentem ne sinas,
 dormire culpa noverit,
 castos fides refrigerans
 somni vaporem temperet.

Dass der Geist einschlafe, lass nicht zu,
möge Sündenschuld sich schlafen legen.
Glaube schaffe keuschen Seelen Ruh',
dämpfe schwüle Träume, die sich regen.

7 Exuta sensu lubrico
 Te cordis alta somnient,
 nec hostis invidi dolo
 pavor quietos suscitet.

Wenn von trügerischer Lust befreit,
Herzenstiefen DICH im Traum entdecken,
soll nicht durch des Feindes List und Neid
Angst die friedlich Schlafenden aufschrecken.

8 Christum rogemus et Patrem
 Christi Patrisque Spiritum,
 Unum potens per omnia
 fove precantes Trinitas.

Lasst zu Christus uns, zum VATER, flehen,
und zu Christi und des VATERS GEIST,
DU wollst liebreich auf uns Beter sehen,
Der „ALLMÄCHTIG" und „DREIEINIG" heißt.

Anmerkungen:

Strophe 1 Gott schuf das Weltall. Er lenkt es bis heute. Und das ist für uns gut und segensreich. Das Licht des Tages ist ein Zeichen dieses Segens. Und ein Segen ist auch „die Gnade tiefen Schlafs" in der Nacht.

Strophe 2 Wie wirkt sich der Segen aus, den Gott in die Nacht gelegt hat? Die Ruhe „löst" die von der Anstrengung der Arbeit angespannten Glieder und die von Misserfolg und Verlust ermattete Seele. Körper und Geist werden gestärkt und erquickt für den nächsten Tag.

Strophe 3 Der Dichter deutet an, dass er am Morgen ein Gelübde abgelegt hat, ein Dankgebet zu sprechen und ein Loblied zu singen, wenn ihn Gott wohlbehalten durch den Tag führt. Dieses Versprechen will er jetzt einlösen.

Strophe 4 Im Dank und Lobpreis geschieht die Hingabe der ganzen Existenz.

Strophe 5 In der Gemeinschaft mit Gott bleibt der Beter in den Anfechtungen der Nacht bewahrt. Ja, der Glaube ist ein Lichtquell in aller Dunkelheit.

Strophe 6 Der vom Heiligen Geist erfüllte menschliche Geist soll auch in der Nacht wachsam sein. Dagegen mögen alle unkeuschen Gedanken einschlafen.

Strophe 7 Wenn Begierden, Ängste und Sorgen in der Nähe Gottes zur Ruhe gekommen sind, kann dem Beter die Erfahrung geschenkt werden, dass „Herzenstiefen Dich im Traum entdecken." Aber Schlaf und Traum sind weiterhin ein Kampfplatz von Gott und seinem Widersacher. Gott kann sich im Traum offenbaren (1. Mose 28,10 ff.). Aber diese seligen Augenblicke können auch durch Angst machende und unkeusche Bilder gestört werden.

Strophe 8 Das Abendlied klingt aus in der Anbetung des Dreieinigen Gottes. Die letzte Strophe fasst die Aussagen des Bekenntnisses von Nizäa und Konstantinopel zusammen: Vater, Sohn und Heiliger Geist, gleich allmächtig und gleich ewig, *ein* Gott, Dreieinigkeit – unbegreifliches Geheimnis. Aber durch Christus haben wir mit ihm Gemeinschaft, wir erfahren Gottes Zuwendung, so wie ein kleines Kind die Liebe und Fürsorge seiner Mutter empfängt.

Wie Augustinus lehrte Ambrosius das „filioque": Der Heilige Geist geht vom Vater **und vom Sohn** aus. In der Westkirche wurde das erst im 8. Jahrhundert allgemein anerkannt und in das Nizänische Bekenntnis aufgenommen. In der Ostkirche wird diese Aussage abgelehnt.

P.S. Der Kirchenvater Augustinus erzählt in seinen „Confessiones", wie ihm dieser Hymnus zum Segen wurde: Als er im Hafen von Ostia mit seiner Mutter auf ein Schiff nach Afrika wartete, erkrankte Monika an einem Fieber und starb innerhalb weniger Tage. Augustinus fiel in eine Schockstarre. Er war nicht fähig zu trauern, noch irgendeinen anderen Gedanken zu fassen. Aber in einer Nacht fielen ihm diese Verse ein: Seine innere Blockade löste sich; er konnte weinen und Tränen vergießen. Und er kehrte mit wiedergewonnener Kraft in seine Heimat zurück.

5. Intende, qui regis Israel

Einige Strophen des Hymnus wurden wiederholt übersetzt und nachgedichtet. Am bekanntesten ist wohl Luthers Lied: „Nun komm, der Heiden Heiland …"

Advents- und Weihnachtslied

1 Intende, qui regis Israel,
super Cherubim qui sedes,
appare Ephraem coram, excita
potentiam tuam et veni.

Du, HIRTE Israels, wend' DICH uns zu,
thronst über Engeln, GOTT gleich an Gewalt,
vor Ephraim erscheine, richte DU
jetzt Deine Herrschaft auf. Ach, komm doch bald!

2 Veni, redemptor gentium,
ostende partum virginis,
miretur omne saeculum,
talis decet partus Deo.

Ja, komm, Erlöser auch der Heidenwelt.
„Geboren von der Jungfrau", mach' es kund,
dass jede Zeit neu in Erstaunen fällt.
Für solch eine Geburt ist GOTT der Grund.

3 Non ex virili semine,
sed mystico spiramine
Verbum Dei factum est caro
fructusque ventris floruit.

Die Ursache nicht Mannes Same war,
nein, durch geheimnisvollen Hauch geschieht,
dass GOTTES WORT im Fleisch wird offenbar
und gnadenreich die Leibesfrucht erblüht.

4 Alvus tumescit virginis,
claustrum pudoris permanet,
vexilla virtutum micant,
versatur in templo Deus.

Der Leib der Jungfrau hob und wölbte sich,
doch fest verschlossen blieb der Keuschheit Tor,
ihr Wandel leuchtenden Standarten glich,
weil GOTT zu Seinem Tempel sie erkor.

5 Procedit e thalamo suo,
   pudoris aula regia,
   geminae gigans substantiae,
   alacris ut currat viam.

Aus Seinem Brautgemach ER nun erscheint,
ER tritt hervor aus keuscher Königshalle,
der HELD, der GOTT und Mensch in sich vereint,
damit ER Seinen Weg mit Freuden walle.

6 Egressus eius a Patre,
   regressus eius ad Patrem,
   excursus usque ad inferos,
   recursus ad sedem Dei.

ER kommt vom VATER überm Himmelszelt,
ER geht zurück zum VATER als Sein SOHN,
steigt zu den Toten in die Unterwelt,
kehrt wieder, wird erhöht auf GOTTES Thron.

7 Aequalis aeterno Patri,
   carnis tropaeo cingere,
   infirma nostri corporis
   virtute firmans perpeti.

Dem ew'gen VATER wesensgleich DU bist:
Das „Fleisch" als Siegs–Trophäe ziehe an.
Weil unser Leib beherrscht von Schwachheit ist,
stärk' ihn mit Kraft, die nie versiegen kann.

8 Praesepe iam fulget tuum
   lumenque nox spirat novum,
   quod nulla nox interpolet
   fideque iugi luceat.

Jetzt strahlt im Dunkel Deine Krippe auf,
ein Hauch des neuen Lichts weht durch die Nacht,
und keine Nacht kann hindern seinen Lauf,
es wird durch steten Glauben neu entfacht.

Anmerkungen:

Strophe 1 Die erste Strophe des Ambrosius–Textes enthält die inbrünstige Bitte um das erneute Kommen Gottes, dessen Menschwerdung wir zu Weihnachten feiern. Die Worte entstammen dem Klagepsalm 80 (Verse 2 und 3), der in einer Notsituation Israels entstand. Das Christfest weist für Ambrosius auf das Ziel der Geschichte hin, nämlich dass Gott endgültig seine Herrschaft in der Welt aufrichten und Leid und Unrecht überwinden wird. Das Thronen über den Cherubim beschreibt das Gott–Sein des Sohnes (Jes. 6,2 f., Offenb. 4,8). Vergleiche auch den Christus–Hymnus in Phil. 2,5–11. Das Nizänum gebraucht dafür den Ausdruck „homo–usios": Jesus ist Gott wesensgleich.

Strophe 2 Gott kommt in Christus nicht nur für Juden, sondern auch für die Heiden als „Erlöser", d.h. er bezahlt durch seinen Opfertod am Kreuz das Lösegeld für verlorene Sünder (Mark. 10,45). „Geboren von der Jungfrau" macht eine doppelte Aussage: Der Erlöser war wirklich Mensch, nicht ein Geistwesen, wie es gnostische Sektierer behaupteten, und er war wirklich Gott, nicht nur ein menschliches Geschöpf, wie es die Arianer lehrten. „Geboren von der Jungfrau Maria" will auch besagen: Gott kann nicht von einem Mann gezeugt werden.

Strophe 3 Die dritte Strophe will dieses Geheimnis weiter entfalten: Nicht durch natürliche Zeugung, sondern durch die Kraft des Heiligen Geistes wurde Maria schwanger (Luk. 1,35) und auf diese Weise geschah es, dass das ewige Wort Gottes in die Welt kam und Mensch wurde (Joh. 1,14). Es klingt die Weissagung aus Jes. 11,1 an von dem Reis, das aus dem Stamm Isais aufwächst, erblüht und Frucht bringt, ebenso auch der Gruß der Elisabeth an Maria (Luk. 1,42): „Gesegnet bist du unter den Frauen und gesegnet ist die Frucht deines Leibes."

Strophe 4 Wie auch andere Kirchenväter betont Ambrosius die äußeren Merkmale einer Schwangerschaft: Gott kam wirklich in die irdische Welt und verband sich mit unserer Leiblichkeit. Hier begegnet uns auch ein Beispiel, wie Ambrosius Texte des Alten Testaments allegorisch auslegte: Der Prophet Hesekiel beschreibt den endzeitlichen Tempel (Hes. 40,1 f.), in den Gott durch ein verschlossenes Tor einziehen wird – die schwangere Jungfrau Maria ist dieser Tempel Gottes. Sein Lichtglanz fällt auf sie; „vexilla" (Zeile 3) sind Standarten im Heer. Ambrosius gebraucht den Ausdruck für die Tugenden der jungfräulichen Mutter. Eine Flagge kann aber nicht von sich aus leuchten, sondern wenn sie angestrahlt wird. So sind die „leuchtenden Fahnen" ein Hinweis auf die Gegenwart Gottes im Leib der Maria. Sie strahlt etwas wider vom Lichte Gottes.

Strophe 5 Die Strophe zitiert den Psalm 19 (Vers 6), wo der Weg der Sonne beschrieben wird: „Sie geht heraus wie der Bräutigam aus seiner Kammer und freut sich wie ein Held zu laufen ihre Bahn." Christus ist die „Sonne der Gerechtigkeit" (Maleachi 3,20), der „Bräutigam" (Mark. 2,19), der seine Braut, die Kirche, sucht. Er ist der „Gigant" (Jes. 9,5), der Gottheit und Menschheit in sich vereint und den Weg zum Kreuz geht und am Ende des Weges ruft: „Es ist vollbracht!"

Strophe 6 Sie beschreibt in jeweils zwei parallel aufgebauten Zeilen den Weg des Herrn, wie wir ihn auch im Credo bekennen: Geburt, Tod, Auferstehung, Himmelfahrt. Der hier erwähnte Abstieg ins Totenreich will besagen, dass Christus auch den Gerechten, die vor seinem

Kommen verstorben sind, die Erlösung bringt (1.Petr. 3,19 f.). Vergl. auch Ps. 110: In diesem Psalm geht es nicht nur um die Erhöhung des Messias, sondern um seinen endzeitlichen Sieg über seine Feinde.

Strophe 7 Sie betont (wie auch die vorhergehenden) die Aussage des Nizänischen Bekenntnisses: Christus ist dem ewigen Gott „wesensgleich". Dadurch, dass sich in Christus Gott mit unserer Leiblichkeit verbunden und alle Versuchungen des „Fleisches" besiegt hat, kann er uns in unserer Schwachheit beistehen. Wörtlich heißt die vierte Zeile: „Gürte dich mit der Trophäe des Fleisches." Das lateinische Wort „tropaeum" bedeutet ein Siegeszeichen, an dem erbeutete Waffen hängen. Ambrosius meint mit „Fleisch" das dem Tode und der Sünde verfallene menschliche Wesen. Christus hat unser „Fleisch" angenommen und durch Gehorsam und Opfer das Böse besiegt. Er kann uns stärken und Anteil an seinem Sieg geben.

Strophe 8 Die letzte Strophe redet von der Nacht, in der Christus im Stall von Bethlehem geboren wurde: Er ist das Licht, das in der Finsternis aufleuchtet (Joh. 1,5,9). Und dieses Licht kommt nicht wie ein jäher, betäubender Blitz, sondern wie ein sanfter Hauch, so wie eine Blume ihren Duft verströmt (1.Kön. 19,11 f.). Die „Nacht" ist zugleich Chiffre für die Macht, die dem Licht entgegensteht. Aber sie wird das stille, sanfte Leuchten des Gottessohnes nicht verfälschen und verdunkeln können. Das Licht wird immer wieder aufleuchten und Menschen zum Glauben erwecken.

6. Inluminans altissimus

An diesem Tag wird das Offenbarwerden Gottes in Christus gefeiert. Drei biblische Lesungen verkünden das Festgeheimnis: Jesu Taufe im Jordan (Matth. 3,13–17), die Ankunft der Weisen aus dem Morgenland, die durch einen Stern zur Krippe geführt wurden (Matth. 2,1–12), und das Weinwunder in Kana (Joh. 2,1–11). Im Hymnus fügt Ambrosius das Wunder der Brotvermehrung hinzu, das in allen vier Evangelien überliefert wird (Mark. 6,30–44). Die Speisung der Fünftausend versteht Ambrosius wie das Weinwunder als Hinweis auf die Eucharistie.

Lied zum Epiphaniasfest

1 Inluminans altissimus
micantium astrorum globos,
pax, vita, lumen, veritas,
Iesu, fave precantibus,

Du, Höchster, lässt erstrahlen Glanz und Klarheit
der Sternenkugeln, die am Himmel steh'n,
bist für uns Friede, Leben, Licht und Wahrheit,
o Jesu, neige Dich zu unserm Fleh'n.

2 seu mystico baptismate
fluenta Iordanis retro
conversa quondam tertio
praesenti sacraris die;

Du hast durch die geheimnisvolle Taufe
am heut'gen Tag des Jordans Flut geweiht,
der dreimal rückwärts floss in seinem Laufe,
zum Zeichen, dass sie uns von Schuld befreit,

3 seu stella partum virginis
caelo micans signaveris
et hoc adoratum die
praesepe magos duxeris;

hast als ein heller Stern am Himmel heute
den neugebor'nen Jungfrau'nsohn bezeugt
und führtest zu der Krippe weise Leute,
anbetend haben sie die Knie gebeugt.

4 vel hydriis plenis aquae
vini saporem infuderis;
hausit minister conscius
quod ipse non impleverat,

Du hast sogar in volle Wasserkrüge
einströmen lassen den Geschmack von Wein.
Der Diener schöpfte, wusste zur Genüge:
Er selber füllte das zuvor nicht ein.

5 aquas colorari videns
  inebriare flumina;
  mutata elementa stupent
  transire in usus alteros.

Doch merkt er, dass die Wasser sich verfärben,
ja, dass die Flüssigkeit betrunken macht.
Die Elemente staunen, sie erwerben
ganz andre Eigenschaften als gedacht.

6 Sic quinque milibus virum
  dum quinque panes dividit,
  edentium sub dentibus
  in ore crescebat cibus,

So war es auch, als ER fünf Brote teilte,
fünftausend Männer hatten IHN gehört:
die Speise wuchs, als ER bei ihnen weilte,
im Mund beim Essen wurde sie vermehrt.

7 multiplicabatur magis
  dispendio panis suo.
  Quis haec videns mirabitur
  iuges meatus fontium?

Brot ward vervielfältigt, als sie es gaben;
sie teilten aus, es wurde mehr und mehr.
Wer wird noch, wenn er das sieht, Zweifel haben,
wenn eine Quelle fließt und wird nicht leer?

8 Inter manus frangentium
  panis rigatur profluus,
  intacta quae non fregerant
  fragmenta subrepunt viris.

So, in die Hände derer, die es spenden,
strömt überfließend reichlich Brot herzu,
das Neue, Ungebroch'ne will nicht enden,
kommt zu den Männern, unbemerkt, im Nu.

Anmerkungen:

Strophe 1 Christus ist der göttliche Logos, durch den das All mit den leuchtenden Gestirnen geschaffen wurde. Er wendet sich uns zu als Friede, Leben, Licht und Wahrheit, wenn wir ihn im Gebet anrufen.

Strophe 2 Jesus setzte das Sakrament der Taufe ein, als er durch seine Taufe im Jordan dessen Wasser heiligte. Dreimal blieb einst die Strömung des Flusses stehen und wich zurück: Beim Durchzug Israels unter Josuas Führung (Jos. 3,1–17) und als ihn die Propheten Elia und Elisa durchschritten (2. Kön. 2,8 + 2,14). Das Zurückfließen wurde von den Kirchenvätern so gedeutet, dass durch die Taufe alle Sünden vergeben sind und der Getaufte in den Stand der Unschuld zurückkehrt. Die Zeile vier der Übertragung findet sich nicht wörtlich im lateinischen Text, wird aber implizit ausgesagt durch den Hinweis, dass der Jordan dreimal rückwärts geflossen ist.

Strophe 3 Der helle Stern war für die Kirchenväter Christus selbst, entsprechend der Weissagung Bileams: „Es wird ein Stern aus Jakob aufgehen ..." (4. Mose 24,17). Christus erleuchtet uns und führt uns zur Erkenntnis Gottes. Der Ausdruck „heute" im Hymnus besagt, dass das, was die Bibel erzählt, im Gottesdienst vergegenwärtigt wird.

Strophe 4 Auch das Weinwunder bei der Hochzeit zu Kana lässt uns die Herrlichkeit Gottes in Christus erkennen: Er hat die Kraft, Materie zu verwandeln. Und das weist hin auf das Mysterium der Eucharistie, bei der Brot und Wein Gefäße für den zerbrochenen Leib und das vergossene Blut des Erlösers werden.

Strophe 5 Häufig wurde von Textbearbeitern das Staunen auf den Diener bezogen, obwohl das in keiner Handschrift angedeutet ist. Der Ausdruck „die Elemente staunen" ist dichterische Sprache, so wie wir ja auch sagen können: „Der Himmel lacht."

Strophe 6 In der Speisung der Fünftausend sieht er ebenso einen Hinweis auf das Sakrament des Altars: Christus ist das Brot des Lebens (Joh. 6). Er kann den Lebenshunger der Menschen stillen.

Strophe 7 Der unaufhörliche Wasserfluss einer Quelle wird zum Bild und Gleichnis für das nie zu Ende gehende eucharistische Brot.

Strophe 8 Unablässig wird das geheimnisvolle Brot ausgeteilt und doch nicht aufgezehrt. Der Handelnde dabei ist Christus; die Diener der Kirche sind die Empfangenden, die weiterreichen, was er geschenkt hat.

7. Hic est dies verus Dei

In der Osternacht wurden Karfreitag und Ostern, Kreuz und Auferweckung des Herrn als *das* Heilsereignis gefeiert. Die versammelte Gemeinde und besonders die Katechumenen, die die hl. Taufe empfingen, erlebten den Gottesdienst als Gang vom Tod zum Leben, aus Nacht und Finsternis zum Licht des Auferstehungstages. Der Hymnus veranschaulicht das am „guten" Schächer, der als verdammter Verbrecher am Kreuz starb, aber das erlösende Wort hören durfte: „Du wirst heute mit mir im Paradiese sein."

Hymnus zur heiligen Osternacht

1 Hic est dies verus Dei
   sancto serenus lumine,
   quo diluit sanguis sacer
   probrosa mundi crimina,

Dies ist fürwahr der Tag, den GOTT gemacht,
beglückend durch das Christus–Licht erhellt.
Denn heute hat Sein Opferblut vollbracht
die Sühne für die schlimme Schuld der Welt.

2 fidem refundens perditis
   caecosque visu inluminans.
   Quem non gravi solvat metu
   latronis absolutio,

ER gibt Verlorenen den Glauben wieder
und den Verblendeten die neue Sicht.
Wen drücken jetzt noch Höllenängste nieder,
da ER den Schächer los von Sünden spricht?

3 qui praemio mutans crucem
   Iesum brevi adquisit fide
   iustosque praevio gradu
   praevenit in regno Dei?

Denn der gewann sehr schnell Jesus im Glauben,
tauscht Rettung für den Fluch des Kreuzes ein.
Den Vorrang kann ihm kein Gerechter rauben,
er darf vor ihnen im Reich GOTTES sein.

4 Opus stupent et angeli
   poenam videntes corporis
   Christoque adhaerentem reum
   vitam beatam carpere.

Selbst Engel staunen, was da Christus schenkt:
Sie seh'n die Qual, die Seinen Leib bedrückt,
und dass der Schuldige, der an IHM hängt,
durch Gnade das glücksel'ge Leben pflückt.

5 Mysterium mirabile,
ut abluat mundi luem,
peccata tollat omnium
carnis vitia mundans caro.

Mysterium – Geheimnis – wunderbar,
dass ER Fleisch wird und reinigt dessen Schwächen,
wäscht ab, was wie die Pest der Menschheit war,
nimmt auf sich alle Sünden und Gebrechen.

6 Quid hoc potest sublimius,
ut culpa quaerat gratiam
metumque solvat caritas
reddatque mors vitam novam,

Was könnte denn erhab'ner sein als dies,
dass Schuld die Gnade suchte und gewann,
und Christi Liebe Furcht verschwinden ließ,
und neues Leben mit dem Tod begann,

7 hamum sibi mors devoret
suisque se nodis liget,
moriatur vita omnium,
resurgat ut vita omnium?

der Tod den Köder schluckte und verdarb
und sich mit seinen Fesseln selber band,
dass Christus, unser aller Leben, starb,
damit das Leben aller auferstand?

8 Cum mors per omnes transeat,
omnes resurgunt mortui.
Consumpta mors ictu suo
perisse se solam gemat.

Auch wenn der Tod zu allen Menschen dringt:
es werden dennoch alle aufersteh'n.
Mit seinem Schlag der Tod sich selbst umbringt,
und klagt, dass er nur musste untergeh'n.

Anmerkungen:

Strophe 1 Der Hymnus beginnt mit dem Vers 24 aus dem Osterpsalm 118: „Dies ist der Tag, den der Herr macht, lasst uns freuen und fröhlich an ihm sein." Das Zitat weist auf das „Mysterium mirabile" (Str. 5) hin: In Kreuz und Auferstehung Christi ereignete sich das Heil, und das wird „heute" Gegenwart in der Liturgie des Gottesdienstes, in der Wortverkündigung und im Vollzug von Taufe und Abendmahl. Es wird vom Täufling in der Osternacht erfahren als Übergang vom Dunkel zum Licht, vom Karfreitag zum Osterfest, vom mitgekreuzigten Schächer zum Erlösten, den das Paradies aufnimmt. Das „heilige Licht", das diesen Tag erhellt, ist Christus selbst (Joh. 1,9; 8,12). Und er ist das wahre Passahlamm (1. Kor. 5,7; Joh. 1,29). Sein vergossenes Blut bewirkt Versöhnung mit Gott (Matth. 26,28).

Strophe 2 Die hl. Taufe schenkt dem Menschen, der sich Christus zugewandt hat, Vergebung und Neuwerden. Der „gute" Schächer wird zum Beispiel und Vorbild für die Täuflinge: Er erkennt seine Verlorenheit und das Heil, das Christus bringt, und ergreift es. Er ist damit Trost und Hoffnung für alle Sünder, die umkehren wollen.

Strophe 3 Der Schächer glaubte an Jesus und durfte den Zuspruch hören: „Heute wirst du mit mir im Paradiese sein." Er ist der Erste, der ins Himmelreich eingehen darf, vor allen Frommen und Gerechten.

Strophe 4 Die Engel staunen über das Werk der Erlösung: Christus stirbt am Kreuz und wird zu neuem Leben erweckt. Diesen Weg geht auch der Schächer, der mit Christus im Glauben verbunden ist, und dieses „Mysterium" erfährt der Täufling in der Osternacht: Durch das Sakrament wird er mit Christus in den Tod gegeben und zu einem neuen Leben auferweckt (Röm. 6, 4). Der Ausdruck „pflücken" besagt, dass dies ein Geschenk der Gnade ist: Die Frucht, die man pflückt, hat man nicht selbst gemacht.

Strophe 5 Der Ausdruck „Mysterium" hat seinen Ursprung in den antiken Mysterienkulten. Man bezeichnete damit eine geheimnisvolle Handlung, durch die das Tun und Erleiden eines Gottes vergegenwärtigt und den Kultteilnehmern zugeeignet wird. Die frühe Christenheit hat das Wort übernommen bei strikter Ablehnung der heidnischen Religion. Vor allem in den Paulus–Briefen findet der Begriff „Mysterion" Verwendung. Gemeint ist damit der Heilsratschluss Gottes, der den Menschen lange Zeit verborgen war, jetzt aber durch das Christus–Ereignis offenbar wurde, nämlich die Erlösung durch seinen Tod am Kreuz und durch seine Auferstehung (Röm. 16,25 f.). Diese Heilsgeschichte wird im christlichen Gottesdienst vergegenwärtigt. Das spricht Ambrosius in seinem Osterhymnus aus: Christus ist jetzt im Gottesdienst anwesend und die Glaubenden empfangen sein Erlösungswerk. In der lateinischen Kirche wird „Mysterium" dann auch mit dem Ausdruck „Sacramentum" wiedergegeben. Die vierte Zeile im lateinischen Hymnus wurde im deutschen Text zur zweiten Zeile. Die Strophe besagt: Der ewige Gott nimmt unsere leibliche Existenz (= Fleisch) an, die der Sünde und dem Tod verfallen ist, und heiligt sie, weil er ohne Sünde bleibt. So kann er das Opfer für die Sünde der Menschheit sein und sie erlösen (2. Kor. 5,21).

Strophe 6 In der Liturgie der Osternacht ist von der „felix culpa" die Rede, von der „glücklichen Schuld", die ein solches Erlösungswerk in Gang setzte.

Strophe 7 Im Alten Testament findet sich das Bild, wie Gott den Leviathan (ein Ungeheuer) mit der Angel fängt und besiegt (Hiob 40, 25 ff., Psalm 74,14). Das wird hier auf den Tod gedeutet. Ambrosius gebraucht in den Strophen 5 bis 8 durchgehend das Präsens, um deutlich zu machen, dass sich das Heil jetzt in der Feier der Osternacht ereignet, freilich als Vergegenwärtigung der geschehenen Geschichte zur Zeit des Pontius Pilatus. Bei der Übertragung ins Deutsche wurde in den Strophen 6 und 7 das Perfekt verwendet, um die geschehene Geschichte zu betonen, die der Grund für unsere Erlösung ist.

Strophe 8 Der Tod wird als Person gesehen, mit der Christus kämpfte. Am Karfreitag schien es so, als hätte der Tod gewonnen. Aber zu Ostern wird offenbar, dass das Leben – Christus – gesiegt hat. Das Sterben der Menschen ist Durchgang, nicht Endstation. Der Hymnus ist ein Siegeslied. Er besingt den Untergang eines schlimmen Tyrannen: „Der Tod ist tot!" Der Dichter gebraucht das Bild vom „betrogenen Tod": Weil alle Menschen in Sünde verstrickt sind, kann der Tod sie verschlingen. Christus aber hatte die leibliche Existenz der Menschen angenommen und blieb frei von Sünde. Als der Tod ihn verschlang, war das wie ein Angelhaken, der ihn einfing und untergehen ließ (Str. 7). Fünfmal findet sich ab Str. 5 das Wort „alle": Das Heil, das Christus bewirkt hat, gilt allen Menschen, die sich ihm zuwenden.

8. Amore Christi nobilis

Johannes war für Ambrosius einer der wichtigsten Zeugen für das Nizänische Bekenntnis. Im Johannes–Prolog (Joh. 1,1–3) lesen wir, dass uns in Jesus der Logos (das Wort) begegnet. Er ist vor aller Zeit bei Gott, und er ist Gott.

Zum Gedenktag des Evangelisten Johannes (27. Dezember)

1 Amore Christi nobilis
et filius tonitrui
arcana Johannes Dei
fatu revelavit sacro.

Geadelt ist er, weil ihn Christus liebte,
auch ward Johannes „Donners–Sohn" genannt,
in heil'ger Rede, die kein Dunkel trübte,
hat er GOTTES Mysterium bekannt.

2 Captis solebat piscibus
patris senectam pascere,
turbante dum natat salo,
immobilis fide stetit.

Um seinen greisen Vater zu versorgen,
fing er die Fische, treu und unentwegt.
Im Glauben fand er Halt und ist geborgen,
wenn Sturm die Wogen aufwühlt und erregt.

3 Hamum profundo merserat,
piscatus est Verbum Dei,
iactavit undis retia,
vitam levavit omnium.

Die Angel warf er in die Meerestiefen.
Sein reicher Fischfang ist das GOTTES-WORT.
Die Netze konnt' er aus den Wellen hieven,
das „LEBEN aller" holte er an Bord.

4 Piscis bonus pia est fides
mundi supernatans salo,
subnixa Christi pectore,
sancto locuta Spiritu:

Der gute Fisch, das ist der fromme Glaube,
schwimmt überm ruhelosen Meer der Welt.
Gestützt auf Christi Herz, dass nichts ihn raube,
lehrt dieser Glaube, wie's dem GEIST gefällt:

5 In principio erat Verbum,
et Verbum erat apud Deum,
et Deus erat Verbum, hoc erat
in principio apud Deum,

„Im Anfang war das WORT, vor Welt und Zeit,
als Gegenüber, doch mit GOTT verbunden,
und dieses WORT war GOTT in Ewigkeit,
bei GOTT im Ursprung und zu allen Stunden.

6 omnia per ipsum facta sunt.
Sed laude ipse resonet
et laureatus Spiritu
scriptis coronetur suis.

Und alles ist durch dieses WORT gemacht." –
Doch nun soll auch des Jüngers Lob ertönen:
Vom GEIST mit einem Siegeskranz bedacht,
sind's seine Schriften, die Johannes krönen.

7 Commune multis passio
cruorque delictum lavans:
hoc morte praestat martyrum,
quod fecit esse martyres.

Beschieden wurde vielen Leidensnot,
vergoss'nes Blut wäscht manches, was wir fehlen.
Doch besser noch als der Märtyrer Tod
ist Mut zu machen, diesen Weg zu wählen.

8 Vinctus tamen ab impiis
calente olivo dicitur
tersisse mundi pulverem,
stetisse victor aemuli.

Gleichwohl soll er, von Gottlosen gebunden,
mit heißen Öl gemartert worden sein.
So ward kein Staub der Welt an ihm gefunden,
er siegte über Satans Trug und Schein.

Anmerkungen:

Strophe 1 Im Evangelium nach Johannes wird der Name des Verfassers mit dem Ausdruck „der Jünger, welchen Jesus lieb hatte" umschrieben (Joh. 13,23). Im Markus–Evangelium trägt er mit seinem Bruder Jakobus d. Älteren den Beinamen „Donners–Sohn" (Mark. 3,17), vielleicht wegen eines Zornesausbruchs (Luk. 9,53–57). Ambrosius schätzte Johannes, weil er das Geheimnis des Erlösers am deutlichsten aussprach: Er kommt von Gott und er ist Gott. In den Strophen 5 und 6 wird von diesem Mysterium gesprochen.

Strophe 2 Johannes und Jakobus arbeiteten mit ihrem Vater Zebedäus als Fischer am See Genezareth (Mark. 1,19 f.). Darum geht es in den Strophen zwei bis vier. In diesen Texten wird auch sichtbar, wie Ambrosius die Bibel nach dem dreifachen Schriftsinn auslegte: Erstens historisch (er war Fischer usw.), zweitens moralisch (er versorgte seinen alten Vater und blieb standhaft in Sturm und Wellen), drittens allegorisch (wie den Fisch aus der Tiefe des Meeres so holte Johannes die Botschaft des Glaubens herauf aus der Verborgenheit).

Strophe 3 Mit „Verbum Dei" (Wort Gottes) und „Vita omnium" (Leben aller) ist Christus gemeint. In dem griechischen Wort für „Fisch" – Ichthys – sind die Anfangsbuchstaben für das altchristliche Bekenntnis „Jesus Christus, Gottes Sohn, Erlöser" enthalten.

Strophe 4 Johannes bezeugt den „frommen Glauben". Beim letzten Abendmahl lag er an der Seite Jesu (Joh. 13,23). Diese Nähe deutete man, dass er mit besonderer Klarheit lehren konnte, wer Jesus ist. Die orthodoxe Kirche gab ihm deshalb den Beinamen „der Theologe". Der „gute Fisch" und der „fromme Glaube" und Christus werden in eins gesetzt.

Strophe 5 Als Beispiel für den „frommen Glauben" zitiert Ambrosius in den Strophen fünf und sechs den Johannes–Prolog (Joh. 1,1–3). Dieser Text war ihm besonders wertvoll, weil er die Präexistenz und das Gott–Sein des Erlösers aussagt, was die Arianer bestritten. Versmaß und Reim erlaubten nur eine interpretierende Übertragung des Johannes–Prologs (statt einer Übersetzung). Auch im lateinischen Text des Hymnus leidet das Versmaß, das sonst beachtet wird. Verbum, Logos, Wort sind die lateinische, griechische und deutsche Bezeichnung für die zweite Person der Dreieinigkeit Gottes.

Strophe 6 Mit dem Lorbeerkranz wurde ein siegreicher Feldherr oder ein Sieger im sportlichen Wettkampf geehrt. Die frühe Kirche sprach vom Siegeskranz, wenn ein Christ am Glauben festgehalten hat, selbst wenn es die Hingabe des leiblichen Lebens kostete (2. Tim. 4,7 f.; Offenb. 2,10).

Strophe 7 Für Ambrosius trägt Johannes zwar nicht den Siegeskranz der Märtyrer wie andere Apostel. Aber wegen seiner Schriften wird ihm dieses Zeichen auch verliehen; denn das, was er schrieb, gab den Märtyrern die Kraft, ihren Leidensweg durchzustehen. Ambrosius stellt die Erlösung allein durch den Opfertod Jesu nicht in Frage. Doch er meint schon, dass Leiden und Hingabe eine heiligende und reinigende Wirkung in einem Christenleben haben.

Strophe 8 Ganz ohne Martyrium blieb auch Johannes nicht: Nach einer Legende soll er unter Kaiser Domitian (81–96 n. Chr.) in Rom mit heißem Öl gefoltert worden sein. Die Verbannung auf die Insel Patmos erwähnt Ambrosius nicht, und auch nicht, dass der Apostel unter Kaiser Trajan um das Jahr 100 n. Chr. in Ephesus im hohen Alter eines natürlichen Todes gestorben ist.

9. Apostolorum passio

Der Hymnus zeigt, wie die christliche Gemeinde in Rom im vierten Jahrhundert an Bedeutung gewann. Ambrosius wusste allerdings noch nichts von einer Herrschaft des römischen Bischofs über die anderen Bischöfe, geschweige denn von einer Jurisdiktion über die Gesamtkirche. Für den Mailänder Bischof wurde die Kirche durch das Kollegium aller Bischöfe geleitet, die sich zu Synoden versammelten. Natürlich hatten manche Bischofssitze ein größeres Ansehen als andere. Rom besaß Autorität, weil es gegenüber den Irrlehrern einen klaren Kurs verfolgte, zum Beispiel im arianischen Streit Athanasius unterstützte. Von großem Gewicht war auch, dass hier die beiden Apostel Petrus und Paulus gewirkt und den Märtyrertod erlitten hatten. Ihre Gräber wurden auch von auswärtigen Pilgern besucht. Das betont Ambrosius in seinem Hymnus.

Zum Fest der Apostel Petrus und Paulus (29. Juni)

1 Apostolorum passio
diem sacravit saeculi
Petri triumphum nobilem,
Pauli coronam praeferens.

Der Leidensweg, den die Apostel gingen,
hat den profanen Tag für GOTT geweiht:
denn Petrus konnte edlen Sieg erringen
und Paul die Krone der Gerechtigkeit.

2 Coniunxit aequales viros
cruor triumphalis necis,
Deum secutos praesulem
Christi coronavit fides.

Verbunden hat die Männer gleichen Ranges –
GOTT, ihrem Führer, hingegeben ganz –
das Blut des triumphalen Opferganges,
ihr Christusglaube war der Siegeskranz.

3 Primus Petrus apostolus,
nec Paulus impar gratia,
electionis vas sacrae
Petri adaequavit fidem.

Zwar Petrus wird als Erster aufgezählt
von den Aposteln. Paulus, gleich an Gnaden,
durch heil'gen Ruf als Werkzeug auserwählt,
vollbrachte so wie Petrus Glaubenstaten.

4 Verso crucis vestigio
  Simon honorem dans Deo
  suspensus ascendit, dati
  non immemor oraculi.

Der geht ans Kreuz, doch will nicht oben schweben,
er hängt verkehrt, den Kopf nach unten, da.
So hat Simon die Ehre GOTT gegeben,
der Weissagung gedenkend, die geschah.

5 Praecinctus, ut dictum est, senex,
  et elevatus ab altero
  quo nollet, ivit, sed volens
  mortem subegit asperam.

Wie ihm vorhergesagt, dass er als Greis
gegürtet wird, geführt von einem Andern,
wohin er nicht gewollt: Er ging mit Fleiß
und war bereit, zum herben Tod zu wandern.

6 Hinc Roma celsum verticem
  devotionis extulit,
  fundata tali sanguine
  et vate tanto nobilis.

Von jetzt an zeigt sich Roma hoch erhöht,
als Haupt der Frömmigkeit und heil'ger Ort,
weil sie auf solchem Blut gegründet steht,
berühmt durch solch eines Propheten Wort.

7 Tantae per urbis ambitum
  stipata tendunt agmina
  trinis celebratur viis
  festum sacrorum martyrum.

Und durch den weiten Raum der großen Stadt
zieht eine dichtgedrängte Pilgerschar,
die auf drei Straßen Gottesdienste hat
zum Fest der heil'gen Zeugen, Jahr für Jahr.

8 Prodire quis mundum putet,
  concurrere plebem poli,
  electa gentium caput
  sedes magistri gentium.

Man meint, der ganze Erdkreis strömt herbei,
Volk unterm Himmel kommt von allen Seiten.
Erwählte, Haupt der Welt bist du auf's Neu'
und auch der Sitz des Lehrers für die Heiden.

Anmerkungen:

Strophe 1 Am 29. Juni (Peter und Paul) erinnerte man an das Martyrium der beiden Apostel. Petrus ging den Weg, den Jesus vorausgesagt hatte, den Weg ans Kreuz (Joh. 21,18 f.). Auch Paulus hielt bis in den Tod dem Herrn die Treue. Er empfing wie Petrus das Zeichen des Sieges (2. Tim. 4,7 f.).

Strophe 2   Ambrosius betont, dass Petrus und Paulus dem Rang nach gleich sind. Keiner steht über dem anderen. Jeder brachte für Christus das Opfer seines Lebens.

Strophe 3   Bei der Aufzählung der Zwölf steht Petrus an erster Stelle (Mark. 3,16) und nach Pfingsten ist er ihr Sprecher. Paulus wird nach seiner Bekehrung „auserwähltes Werkzeug" genannt (Apostelgesch. 9,15). Er ist der größte Missionar der Urkirche.

Strophe 4   Petrus widerstrebte nicht dem Martyrium, er legte sich freiwillig aufs Kreuz, doch bat er, dass man es umdrehte, so dass er mit dem Kopf nach unten hing. Nach der Legende wollte er nicht aufrecht stehend wie der Herr sterben, weil er ihn dreimal verleugnet hatte.

Strophe 5   Jesus hatte Petrus bei der letzten Begegnung nach Ostern gesagt: „Wahrlich, wahrlich, ich sage dir: Als du jünger warst, gürtetest du dich selbst und gingst, wohin du wolltest. Wenn du aber alt geworden bist, wirst du deine Hände ausstrecken, und ein Anderer wird dich gürten und führen, wohin du nicht willst" (Joh. 21,18). Die Strophe hier deutet eine Legende an, die sich zuerst in den Schriften des Ambrosius findet: Bei der Christenverfolgung durch Nero im Jahr 64 n. Chr. wurde Petrus, obwohl bereit zum Martyrium, von der Gemeinde gedrängt, sein Leben zu retten und zu fliehen, damit er weiterhin die Christen lehren und stärken könnte. Als er nachts die Stadt verlassen wollte, sah er Christus durch das Stadttor hereinkommen, und er fragte: „Herr, wohin gehst Du?" Die Antwort: „Ich gehe in die Stadt, um wiederum gekreuzigt zu werden." Da begriff Petrus, dass der Herr sich ein zweites Mal für ihn kreuzigen lassen wollte. Er kehrte sogleich in die Stadt zurück.

Strophe 6   Von der Stadt wird wie von einer Person gesprochen. Ihre Bedeutung bekam „Roma" durch die beiden bedeutenden Apostel Petrus und Paulus, die an diesem Ort wirkten, den Märtyrertod erlitten und begraben wurden. In der Zeile drei ist Petrus gemeint (Matth. 16,18), in Zeile vier Paulus, dessen wichtigster Brief an die Gemeinde in Rom gerichtet war.

Strophe 7   Die Erwähnung der drei Wallfahrtswege gilt als Beweis, dass der Hymnus vor dem Jahr 400 entstanden ist, also von Ambrosius verfasst wurde. Zu seiner Zeit gab es noch drei Pilgerstraßen: Die Via Aurelia zum Grab des Petrus auf dem Vatikanhügel, die Via Ostiensis zum Grab des Paulus vor den Mauern Roms und die Via Appia zur Callistkatakombe, wo zeitweise die Reliquien der Apostel aufbewahrt worden waren. Nach dem Tod des Ambrosius waren nur die beiden erstgenannten Straßen Wallfahrtsorte. Zur Textstelle „Jahr um Jahr": Eine Urkunde vom Jahr 354 bezeugt, dass der 29. Juni als Festtag begangen wurde.

Strophe 8 Der Name „Auserwählte" für die christliche Gemeinde findet sich in 1. Petr, 5,17; 2. Joh. 1,1+13. Der Ausdruck „caput" (Haupt) war der Name für die Welthauptstadt Rom. Aus der Militärmacht wurde durch Petrus und Paulus ein geistliches Zentrum. Man übertrug dann die Bezeichnung auf den Sitz des römischen Bischofs. Die Bezeichnung „Lehrer der Heiden" wird in den Pastoralbriefen für Paulus verwendet (1. Tim. 2,7; 2. Tim. 1,11). Es ist in diesem Hymnus sicher auch Petrus gemeint.

10. Aeterna Christi munera

Ambrosius war überzeugt, dass christlicher Glaube auch „Anderssein" und „Distanz zur Welt" bedeutet. Vorbilder für diese Haltung waren die Märtyrer. Sie nahmen für ihren Glauben an Christus Nachteile und Opfer auf sich bis zur Hingabe des irdischen Lebens. Ihre Gedenktage wurden in den Gemeinden begangen. Der folgende Hymnus ist allen Märtyrern gewidmet. Das Fest Allerheiligen feierte die Ostkirche schon in den ersten Jahrzehnten des vierten Jahrhunderts am Sonntag nach Pfingsten. Der Hymnus könnte ein Hinweis sein, dass Ambrosius den Gedenktag in der Mailänder Kirche eingeführt hat. Der 1. November als Festdatum wurde allerdings erst in späterer Zeit festgelegt.

Zum Gedenktag der Märtyrer

1 Aeterna Christi munera
et martyrum victorias
laudes ferentes debitas
laetis canamus mentibus.

Des Christus unvergängliches Geschenk,
die Siege, die die Märtyrer empfingen,
mit schuld'gem Lob sind wir des eingedenk
und wollen frohen Herzens davon singen.

2 Ecclesiarum principes,
belli triumphales duces,
caelestis aulae milites
et vera mundi lumina.

Ein Vorbild für die Kirchen sind sie jetzt,
Feldherren, die im Krieg den Sieg erringen,
Soldaten, in das Himmelsheer versetzt,
Lichtspender, die der Menschheit Klarheit bringen.

3 Terrore victo saeculi
poenisque spretis corporis
mortis sacrae compendio
lucem beatam possident.

Den Schrecken vor der Welt bezwangen sie
und Körperschmerzen konnten sie verachten,
ein kurzer Weg zum Opfertod verlieh,
dass sie als Selige im Licht erwachten.

4 Traduntur igni martyres
et bestiarum dentibus
armata saevit ungulis
tortoris insani manus.

Im Feuer werden Märtyrer verbrannt,
von Zähnen wilder Bestien zerrissen,
mit Eisenklauen wütet roh die Hand
des Folterknechts, tollwütig im Gewissen.

5   Nudata pendent viscera,
     sanguis sacratus funditur,
     sed permanent immobiles
     vitae perennis gratia.

     Es hängen aus dem aufgeschlitzten Bauch
     die Eingeweide, Blut fließt auf die Erde.
     Doch kämpft ein jeder bis zum letzten Hauch,
     dass er der Ewigkeit teilhaftig werde.

6   Devota sanctorum fides,
     invicta spes credentium,
     perfecta Christi caritas
     mundi triumphat principem.

     Der Heiligen Vertrauen, fromm und treu,
     die Glaubenshoffnung sieghaft, nie im Schwinden,
     die Liebe zum HERRN Christus stark und frei,
     so können sie den Satan überwinden.

7   In his Paterna gloria,
     in his voluntas Spiritus,
     exsultat in his Filius,
     caelum repletur gaudio.

     In ihnen wohnt des VATERS Herrlichkeit,
     in ihnen wirkt des HEIL'GEN GEISTES Wille,
     der SOHN frohlockt in ihnen hocherfreut,
     es braust der Himmel von der Freuden Fülle.

8   Te nunc, Redemptor, quaesumus,
     ut martyrum consortio
     iungas precantes servulos
     in sempiterna saecula.

     DICH nun, ERLÖSER, suchen, bitten wir,
     wollst mit der Schar der Märtyrer verbinden
     uns kleine Diener, die wir fleh'n zu DIR,
     lass uns wie sie das ew'ge Leben finden.

Anmerkungen:

Strophe 1   Mit dem „unvergänglichem Geschenk" sind wohl zunächst die Märtyrer selbst gemeint, aber sicher auch die Kraft, die ihnen von Christus gegeben wurde, um das Martyrium durchzustehen.

Strophe 2   „Principes" kann auch mit „Vorbilder" übersetzt werden. Häufiger hat das Wort die Bedeutung „Fürsten" oder „Erste". Der Ausdruck „Milites Christi" wird von Ambrosius öfter gebraucht. Er betont allerdings dabei immer, dass Christen nicht „Soldaten der Welt" sind, und ihre Waffen sind nicht solche, die sonst unter Streitenden verwendet werden (2. Tim. 2,3 ff.). Von Christus, dem Licht der Welt, empfingen die Märtyrer die Kraft als „Licht" in der Welt zu leuchten, z. B. deutlich zu machen, was entscheidend und was nebensächlich ist (Phil. 2,15).

Ambrosius nimmt an, dass die Märtyrer zwar in das Himmelsheer erhöht wurden, aber die irdische Kirche auch jetzt noch im Kampf unterstützen.

Strophe 3 Was andere Christen in einem langen, frommen und mühsamen Leben erreichen, das empfangen die Märtyrer auf einem abgekürzten Weg, verbunden freilich mit Angst und Schmerz.

Strophe 4 Ambrosius zeigt, wie die hasserfüllte Gewalt der Verfolger zunimmt: zunächst das leblose Feuer, dann die Zähne der lebendigen Raubtiere, schließlich die Grausamkeit von Menschen, die sich mit perverser Lust immer schlimmere Qualen für die vermeintlichen „Schädlinge" ausdenken und sich einbilden, das Richtige zu tun (Hebr. 11,36). Die Leiden der Christen werden, wie in den Märtyrerakten auch, von Ambrosius ziemlich drastisch geschildert.

Strophe 5 Das Aufschlitzen des Leibes, so dass die Eingeweide herausquollen, gehörte nicht zu den staatlich festgesetzten Todesarten (Verbrennen, Kreuzigung, Enthaupten, Tod in der Arena). Dennoch wird die hier geschilderte Quälerei vorgekommen sein, wenn Folterknechten freie Hand gelassen wurde. Bei der Schilderung des Martyriums in den Strophen vier und fünf verwendet Ambrosius das „historische Präsens": Er versetzt das Geschehen in die Gegenwart, um die Gottesdienstbesucher die Dramatik miterleben zu lassen, ja der Dichter bezeugt damit, wie er selber davon ergriffen und bewegt ist. Das Erzählte steht ihm lebendig vor Augen. Auch der Sieg und die Erlösung der Geschundenen wird als Gegenwart geschildert (Strophe 6 + 7). Beides, Opfer und Triumph, wird präsent in der zum Gottesdienst versammelten Gemeinde.

Strophe 6 „Heilige" ist im Neuen Testament die Bezeichnung für alle Christen. Ambrosius verwendet das Wort hier für die Märtyrer. Durch die drei „theologischen Tugenden" Glaube, Liebe, Hoffnung, die sie lebten, wurde die Macht des Bösen besiegt (1. Kor. 13,13). Für „Satan" (Zeile 4) steht im lateinischen Text „Fürst der Welt", eine Bezeichnung, die im Neuen Testament öfter vorkommt (Joh. 12,31; 14,30).

Strophe 7 Christus lieben und an seinem Wort festhalten bedeutet, dass der Dreieinige Gott in dem gläubigen Christen Wohnung nimmt (Joh. 14,23). Und wenn ein Mensch zur Gemeinschaft mit Gott gefunden hat, ist Freude im Himmel (Luk. 15,10).

Strophe 8 Ambrosius beschließt den Hymnus mit der Bitte, Christus möge die jetzt lebenden Christen in die Gemeinschaft der Märtyrer aufnehmen. Diese hatten das Ziel erreicht; sie waren bei Gott. Märtyrer konnten Christen zur Zeit des Ambrosius nicht mehr werden. So entstand ein neues Heiligenideal: Der Zeuge, der für den rechten Glauben kämpft, enthaltsam lebt, viel betet und für die Armen und Kranken sorgt. Ambrosius, Martin von Tours oder Basilius von Caesarea verkörperten dieses Ideal.

11. Apostolorum supparem

Laurentius wirkte als Diakon unter dem Bischof Sixtus II. in Rom. Dieser wurde im Jahr 258 auf Befehl des Kaisers Valerian mit einigen Diakonen während des Gottesdienstes in einer Katakombe von Soldaten überfallen und enthauptet.

Zum Gedenktag des Diakons Laurentius (10. August)

1 Apostolorum supparem
Laurentium archidiaconum
pari corona martyrum
Romana sacravit fides.

Laurentius, der Archidiakon,
dem Rang nach nicht ganz den Aposteln gleich,
empfing wie sie als Märtyrer die Kron',
der Glaube Roms sieht ihn im Himmelreich.

2 Xystum sequens hic martyrem
responsa vatis rettulit:
maerere, fili, desine,
sequere me post triduum.

Als er Sixtus, dem Märtyrer, nachgeht,
da sprach der Bischof: „Lass, mein Sohn, das Klagen.
Nicht ich bin's nur, den man am Kreuz erhöht.
Du wirst mir auch noch folgen, in drei Tagen."

3 Nec territus poenae metu
heres futurus sanguinis
spectavit obtutu pio,
quod ipse mox persolverat.

Nicht abgeschreckt durch Furcht vor Qual und Leid,
als Erbe Des, der uns Sein Blut zuwendet,
sah er mit frommen Blick die schwere Zeit,
die Sixtus hatte bald darauf vollendet.

4 Iam tunc in illo martyre
egit triumphum martyris,
successor aequus syngraphum
vocis tenens et sanguinis.

Nach jenem Vorbild er sogleich vollbrachte
auch eines Märtyrers Triumph und Mut,
was ihn zum würdigen Nachfolger machte:
Er hielt den Bund mit seinem Wort und Blut.

5 Post triduum iussus tamen
   census sacratos prodere,
   spondet pie nec abnuit,
   addens dolum victoriae.

Sakralgeräte, Geld herauszugeben,
bekommt er nach drei Tagen den Bescheid.
Treu sagt er zu, dem nicht zu widerstreben,
doch für den Sieg zu einer List bereit.

6 Spectaculum pulcherrimum:
   egena cogit agmina
   inopesque monstrans praedicat:
   hi sunt opes ecclesiae.

Ein rührend schönes Schauspiel jetzt geschieht:
Er sammelt Arme wie mit einem Netze,
mit denen er im Zug zum Richter zieht,
und zeigt auf sie: „Das sind die Kirchenschätze!"

7 Verae piorum perpetes
   inopes profecto sunt opes.
   Avarus inlusus dolet
   flammas et ultrices parat.

Wenn ihm der Fromme hilft, Erbarmen schenkt,
ist in der Tat der wahre Schatz der Schwache.
Der Geizhals nimmt's als Spott und ist gekränkt
und übt mit Feuerflammen grausam Rache.

8 Fugit perustus carnifex
   suisque cedit ignibus.
   Versate me, martyr vocat,
   vorate, si coctum est, iubet.

Der Henker flieht, vom Feuer angesengt;
er weicht zurück vor seinen eignen Flammen.
„Dreht mich!" wird er vom Märtyrer gedrängt.
„Wenn es gebacken ist, dann esst zusammen."

Anmerkungen:

Strophe 1 Der Archidiakon war der Vertreter des Bischofs in der Vermögensverwaltung und Armenpflege. In Rom gab es damals sieben Diakone. Laurentius war ihr Vorsteher. In der Stadt befinden sich viele Märtyrergräber. Laurentius wurde den berühmtesten Glaubenszeugen fast gleich geachtet. So hieß eine Redensart: „In Rom ruht der Leib des Petrus, in Rom ruht der Leib des Paulus, in Rom ruht der Leib des Laurentius."
Strophe 2 Ambrosius nahm an, dass Sixtus zur Kreuzigung aus der Stadt geführt wurde. Laurentius habe bei der Begegnung geklagt, dass er nun allein zurückbliebe.
Strophe 3 Nach der Legende wurde Laurentius Zeuge des Martyriums von Sixtus. Er war gewiss, dass die Erlösten das ewige Leben empfangen werden, das Christus durch sein

Kreuzesopfer erworben hat. In Zeile zwei ist das Opferblut Christi gemeint. Ambrosius unterschied sein erlösendes Opfer deutlich von dem Opfer der Märtyrer.

Strophe 4 In seinen Märtyrerhymnen betonte Ambrosius das treue Festhalten am christlichen Bekenntnis. Wie Sixtus bekannte auch Laurentius den Glauben mit seinem Wort und mit seinem Leben.

Strophe 5 Laurentius wurde ebenfalls verhaftet und aufgefordert, die „Schätze der Kirche" herauszugeben, so eine Legende. Die Worte „pie" (fromm, treu) und „dolus" (List, Betrug) in dieser Strophe scheinen sich zu widersprechen. Doch Ambrosius will nicht erzählen, dass Laurentius die kurze Zeit der Freilassung benutzte, um mit dem Vermögen der Gemeinde einen Betrug zu begehen. In den Jahrhunderten schlimmer Verfolgung waren diese „Schätze" sicher bescheiden. Sondern Laurentius gebrauchte (nach Ambrosius) diese „List", um die Möglichkeit einer Demonstration und Verkündigung zu bekommen. Er wurde nicht wortlos hingemeuchelt wie die meisten Märtyrer. Er verschaffte sich die Möglichkeit, auf eine Sicht des Christentums hinzuweisen, die damals unsinnig erschien und es auch heute wieder ist: Der Reichtum der Kirche sind die Hilfsbedürftigen, wenn ihnen von den Gläubigen Hilfe widerfährt. So erzählt die Legende, Laurentius habe die Armen, die von der Gemeinde unterstützt wurden, zusammengerufen und sei mit ihnen vor den Richter getreten und habe, auf sie deutend, gesagt: „Das sind die Schätze der Kirche." Der erboste Beamte habe dann angeordnet, Laurentius auf einem glühenden Rost zu Tode zu martern. Auf Altarbildern wird Laurentius deshalb mit einem eisernen Rost dargestellt. In den Strophen fünf bis acht gebraucht Ambrosius das „historische Präsens": Er stellt uns das Geschehen als gegenwärtig vor Augen.

Strophe 6 Die Strophe ist der Höhepunkt des Hymnus. Dem römischen Beamten aber musste das „rührend schöne Schauspiel" als Verhöhnung erscheinen.

Strophe 7 Die Zeilen eins und zwei sind der persönliche Kommentar des Dichters. Sicher war das von Ambrosius Erzählte auch als Verkündigung an die reichen und angepassten Christen seiner Zeit gemeint.

Strophe 8 Es klingt in den Zeilen eins und zwei die Bibelstelle Daniel 3,22 an: Die drei Männer im Feuerofen. Auch ein Gespräch mit den Folterknechten überliefert die Legende. Ambrosius nimmt das in seinem Hymnus auf, um den Triumph dieses Märtyrers herauszustellen. Die älteste Überlieferung aber berichtet, dass Laurentius wie sein Bischof enthauptet wurde.

Zwischen dem Martyrium des Laurentius und der Entstehung des Hymnus liegen etwa 130 Jahre. In dieser Zeit wurde seine Geschichte mit etlichen Legenden ausgeschmückt, wie auch durch den „grim jest" – grimmiger, abstoßender Scherz – wie es Walpole in seinem Buch nennt (vergl. die beiden letzten Zeilen). Aber Leiden und Todeskampf werden wohl von keinem Menschen mit Scherz und Spaß bewältigt. Die Sicht, die hier angedeutet wird, zeigt, wie sich aus der unterdrückten und leidenden die triumphierende Kirche entwickelt, die das Machtbewusstsein und die Siegesgewissheit des römischen Weltreiches auf sich überträgt. Ambrosius war Römer.

12. Agnes beatae virginis

Ambrosius hörte schon als Knabe in Rom ihre Geschichte. Als Mailänder Bischof veröffentlichte er im Jahr 377 seine Schrift „Über die Jungfrauen". Sie enthält auch Teile einer Predigt über Agnes, die seit dem vierten Jahrhundert als Vorbild der jungfräulichen Reinheit und der Glaubenstreue verehrt wurde.

Zum Gedenktag der hl. Agnes (21. Januar)

1 Agnes beatae virginis
natalis est, quo spiritum
caelo refudit debitum
pio sacrata sanguine.

Geburtstag hat die sel'ge Agnes heut',
da gab sie ihren Geist dem SCHÖPFER wieder,
zur Jungfrau GOTTES durch ihr Blut geweiht.
Treu war sie und erwählt für Himmelsgüter.

2 Matura martyrio fuit,
matura nondum nuptiis.
Nutabat in viris fides,
cedebat effessus senex.

Ganz jung bereit schon für's Martyrium,
noch nicht bereit und reif für Hochzeitsglück,
bekannte GOTT, wo Männer blieben stumm,
und wo der Greis ermattet wich zurück.

3 Metu parentes territi
claustrum pudoris auxerant,
solvit fores custodiae
fides teneri nescia.

Die Eltern wollten voller Furcht und Sorgen
des Mädchens Unschuld schützen und bewachen.
Doch blieb ihr Glaube nicht im Haus verborgen,
sie ging hinaus, um ihn bekannt zu machen.

4 Prodire quis nuptum putet,
sic laeta vultu ducitur,
novas viro ferens opes
dotata censu sanguinis.

Als ginge sie zur Hochzeit, könnt' man meinen,
so ward sie abgeführt mit frohem Mut.
Sie wollte vor dem Bräutigam erscheinen
mit einer reichen Mitgift – ihrem Blut.

5 Aras nefandi numinis
  adolere taedis cogitur,
  respondet: Haud tales faces
  sumpsere Christi virgines.

Man drängt sie, mit dem Kienspan den Altar
von dem verruchten Götzen anzuzünden.
Sie spricht: „Nicht solche Brautfackeln, fürwahr,
pflegt man bei Christi Jungfrauen zu finden.

6 Hic ignis exstinguit fidem,
  haec flamma lumen eripit,
  hic, hic ferite, ut profluo
  cruore restinguam focos.

Dies Feuer löscht den Glauben aus im Nu,
und diese Flamme raubt des GEISTES Licht.
Hier, hier mein Hals: Stoßt mit dem Schwerte zu,
dem Blutstrom trotzt das Heidenfeuer nicht!"

7 Percussa quam pompam tulit!
  Nam veste se totam tegens
  curam pudoris praestitit,
  ne quis retectam cerneret.

Erstochen! Welchen Anblick bot sie da!
Weil sie sich ganz mit ihrem Kleid bedeckte,
besorgt, dass niemand ihre Blöße sah
und dass sie nicht zuchtlose Blicke weckte.

8 In morte vivebat pudor,
  vultumque texerat manu,
  terram genu flexo petit
  lapsu verecundo cadens.

Ehrfurcht und Scham behielt sie auch im Tod:
Ihr Antlitz deckte sie mit ihren Händen,
zur Erde glitt sie sittsam und devot
als wollte sie auf Knien ihr Dasein enden.

Anmerkungen:

Strophe 1 Das Wort „natalis" heißt „Geburtstag". In der frühchristlichen Literatur wird damit auch der Todestag der Märtyrer bezeichnet, an dem sie in das ewige Leben „hineingeboren" wurden. Von Anfang an haben die Gemeinden diesen Tag mit Gedenkgottesdiensten begangen. Agnes war keine „gottgeweihte Jungfrau", die vor dem Bischof ein Gelübde abgelegt hatte (wie Marcellina, die Schwester des Ambrosius). Das Opfer ihres Blutes war die Weihe, das sie zur gottgeweihten Jungfrau machte (so wie die „Bluttaufe" der ungetauften Märtyrer als Taufe gerechnet wurde). Caelo und debitum (in Zeile drei) gehören zusammen und werden in Zeile vier wiedergegeben.

Strophe 2 Sie soll erst zwölf Jahre alt gewesen sein, als sie den Märtyrertod auf sich nahm. Der Gegensatz wird betont: Starke Männer schwanken und verleugnen, Ältere werden mit all ihr

Weisheit schwach und unsicher. Das junge Mädchen aber bleibt trotz der Drohungen fest und bekennt sich zum christlichen Glauben.

Strophe 3 Die Eltern von Agnes wollten, dass sie im Schutz des Hauses blieb; sie sperrten das Tor und die Tür zu. Aber Agnes ließ sich nicht aufhalten. „Der Glaube weiß nichts von Fesseln und verriegelten Türen", so Ambrosius. Agnes ging auf die Straße und bekannte sich zu Christus.

Strophe 4 Sie wurde verhaftet und zur Hinrichtung abgeführt. Ihr Gesicht blickte fröhlich, als ginge sie zu ihrer Hochzeit. Die „Hochzeitsgabe" für den himmlischen Bräutigam war ihr Blut. Nach der Überlieferung wurde sie wie ein Passahlamm mit einem kurzen Schwert getötet. Das Wort „agna"(= Schaflamm) und der Name „Agnes " haben vielleicht bei dieser Tradition eine Rolle gespielt.

Strophe 5 Man wollte sie zwingen, vor ihrer Hinrichtung das Feuer auf dem Altar einer heidnischen Gottheit anzuzünden. Agnes verweist auf die Sitte, dass bei der Prozession einer Hochzeitsgesellschaft oder bei der abendlichen Feier Fackeln angezündet wurden. Als Jungfrau Christi geht sie dem himmlischen Bräutigam entgegen, aber nicht mit einem Kienspan, der dem Kult der Heiden dient.

Strophe 6 Sie will sich mit dem Götzendienst nicht einlassen, weil die Gefahr besteht, dadurch den Glauben und den Heiligen Geist zu verlieren. Stattdessen hält sie ihren Hals dem Schwert des Henkers hin. Die Strophe deutet den Gegensatz an: Die Teilnahme am heidnischen Kult kann den Glauben an Christus zerstören. Das Martyrium für Christus aber wird den heidnischen Kult überwinden.

Strophe 7 Der Hinweis, dass sie ihren Körper im Tode bedeckte, kann vielleicht als Prüderie verstanden werden, ist aber wohl als Antithese zu dem Kult der Nacktheit in der heidnischen Antike zu verstehen. Ein nackter Toter, den Blicken preisgegeben, ist seiner Würde beraubt!

Strophe 8 Ambrosius malt ein Bild der Sterbenden, das man nicht vergisst. Die Geschichte der Agnes war schon bald mit Legenden ausgeschmückt, so dass Ambrosius in seinen Predigten den Ausdruck verwendet: „Es wird überliefert ...", und Damasus, der von 366 bis 384 das Bischofsamt in Rom verwaltete, ließ auf die Gedenktafel an der Kirche mit der Grabstätte der Märtyrerin schreiben: „Fama refert ..." (die Sage erzählt). Im Hymnus des Ambrosius werden die legendären Ausschmückungen weggelassen. Er betont den Bekennermut und die jungfräuliche Keuschheit der Agnes. Beides war ihm in seinen Predigten wichtig vor einer

Gemeinde, die in Gefahr war zu verweltlichen. Das Todesjahr der Agnes ist nicht sicher. Es wird die Verfolgungszeit unter dem Kaiser Diokletian (um 305) angenommen.

13. Grates tibi Iesu novas

Vom Leben und Sterben der beiden Märtyrer ist fast nichts bekannt. Die überlieferten Legenden widersprechen sich. Aber man kann annehmen, dass Gervasius und Protasius um 300 n. Chr. bei der Verfolgung durch die Kaiser Diokletian und Maximinian den Tod fanden.

Zum Gedenktag der beiden Märtyrer Gervasius und Protasius (19. Juni)

1 Grates tibi, Iesu, novas
 novi repertor muneris
 Protasio Gervasio
 martyribus inventis cano.

DIR sing' ich, Jesus, Lob und Dank erneut,
Du schenkst die unerhörte Gnadengabe:
Protasius, Gervasius – mich freut,
dass ich die Märtyrer gefunden habe.

2 Piae latebant hostiae,
 sed non latebat fons sacer:
 latere sanguis non potest,
 qui clamat ad Deum Patrem.

Verborgen war'n die Opfer in der Erden,
doch nicht die heil'ge Quelle, IHM geweiht:
Unschuldig Blut kann nicht verborgen werden,
das Tag und Nacht zu GOTT, dem VATER, schreit.

3 Caelo refulgens gratia
 artus revelavit sacros:
 nequimus esse martyres,
 sed repperimus martyres.

Hell leuchtete vom Himmel Gnade auf,
zeigt heiliges Gebein im Erdreich unten.
„Märtyrer" ist nicht unser Lebenslauf.
Doch haben wir jetzt Märtyrer gefunden.

4 Hic quis requirat testium
 voces, ubi factum est fides?
 sanatus impos mentium
 opus fatetur martyrum.

Wer fordert hier noch Aussagen von Zeugen?
Denn der Beweis ist doch schon längst gescheh'n:
Besessenheit muss sich Märtyrern beugen.
Wir haben den Befreiten selbst gesehn.

5	Caecus recepto lumine	Ein Blinder, der sein Augenlicht bekam,
	mortis sacrae meritum probat:	beweist des heil'gen Tods Bedeutsamkeit.
	Severus est nomen viro,	Bekannt ist er: Severus ist sein Nam',
	usus minister publici.	dient, allen sichtbar in der Stadt, bis heut'.

6 Ut martyrum vestem attigit   Wie er das Kleid der Märtyrer berührt
   et ora tersit nubila,   und über sein umwölktes Antlitz wischt,
   lumen refulsit ilico   geschieht's, dass er des Lichtes Rückkehr spürt
   fugitque pulsa caecitas.   und dass die Macht der Blindheit schnell erlischt.

7 Soluta turba vinculis,   Von seinen Plagen wird das Volk geheilt,
   spiris draconum libera,   befreit von schlimmen Fesseln der Dämonen.
   emissa totis urbibus   Aus allen Städten waren sie geeilt
   domum redit cum gratia.   und ziehen dankbar heimwärts, wo sie wohnen.

8 Vetusta saecla vidimus,   Die alten Zeiten konnten wir erleben:
   iactata semicinctia   Die Gürtelschnur schwingt und berührt sie sacht,
   tactuque et umbra corporum   das hat den Kranken Besserung gegeben,
   aegris salutem redditam.   ja, Gleiches hat ein Schattenwurf vollbracht.

Anmerkungen:

Strophe 1 Alle acht Strophen lassen das eigene Erleben und die persönliche Beteiligung des Dichters erkennen, und auch den Streit mit den Kritikern. Als Angehörige des kaiserlichen Heeres waren Protasius und Gervasius um das Jahr 300 enthauptet worden. Der gut erhaltene Zustand der Gebeine legt es nahe, dass sie nicht schon Jahrhunderte in der Erde gelegen hatten. Ihre weitere Biographie aber ist unbekannt. Umso ausführlicher wird die Auffindung der Reliquien berichtet: Ambrosius schrieb aus diesem Anlass einen Brief an seine Schwester Marcellina. Der Kirchenvater Augustinus war Augenzeuge und erwähnt mehrfach das Ereignis und die dabei geschehenen Wunderheilungen. Auch bei Paulinus findet sich ein Hinweis (er schrieb eine Biographie des Mailänder Bischofs). Der Zeitpunkt des Fundes war so spektakulär passend, dass Kritiker von einer bewusst herbeigeführten Inszenierung des

Ambrosius sprechen. Im Frühjahr 386 hatte der erbitterte Streit um eine Kirche zwischen dem Bischof und dem arianisch gesinnten kaiserlichen Hof stattgefunden. Er konnte erneut ausbrechen. Denn inzwischen war ein weiteres Gotteshaus fertig gebaut geworden: die Basilica Ambrosiana. Die Gläubigen erwarteten, dass der Bau durch Märtyrerreliquien seine Weihe erhielt. Da wurde dem Bischof durch einen Traum und vielleicht auch durch den Hinweis älterer Gemeindeglieder offenbart, dass vor der Kapelle der Märtyrersoldaten Felix und Nabor zwei weitere Märtyrer unter dem Pflaster liegen würden. Ambrosius befahl am 17. Juni, das Pflaster aufzugraben. Und man fand wirklich zwei gut erhaltene Skelette, deren Häupter abgeschlagen waren. Sogar Blut soll noch erkennbar gewesen sein.

Strophe 2 Es klingt 1. Mose 4,10 an: Das Blut des unschuldig ermordeten Abel schreit zu Gott.

Strophe 3 Das Martyrium war im Denken des Ambrosius etwas Heiliges und Großes. Ihm selbst war dieser Weg nicht beschieden. Aber er förderte Andenken und Verehrung der Märtyrer, die vor ihm Christus–Zeugen waren. Das Auffinden der Märtyrergebeine deutete er als göttliche Offenbarung.

Strophe 4 Die Strophe geht auf den Vorwurf ein: Hier sei Betrug im Spiel. Man könne nicht beweisen, dass die aufgefundenen Toten wirklich Märtyrer waren. Für Ambrosius war der Beweis dadurch erbracht, dass Wunderheilungen geschahen, z. B. wurde ein Besessener befreit, der dann den Dreieinigen Gott bekannte. Das verstanden die Gläubigen als Widerlegung der arianischen Lehre.

Strophe 5 + 6 Severus hatte als Fleischer gearbeitet, bis er sein Augenlicht verlor. Als er seine Augen mit Stoffresten aus dem Märtyrergrab berührte, erlebte er die Heilung. Er übernahm einen Dienst in der Basilica Ambrosiana und bezeugte wiederholt vor Besuchern das Wunder.

Strophe 7 Ambrosius ließ die Reliquien aufbahren. Eine ungeheure Erregung hatte die Menschen ergriffen. Nicht nur aus Mailand strömten sie herbei, sondern auch aus den umliegenden Städten und Dörfern. Der Kaiserhof und die Arianer allerdings sprachen von Betrug. Um die Stimmung nicht weiter anzuheizen, ließ Ambrosius die Gebeine schon am 19. Juni (eher als geplant) in die Basilica Ambrosiana überführen.

Strophe 8 Ambrosius erkennt eine Wiederkehr apostolischer Zeiten: Sowohl von Petrus wie von Paulus erzählt die Apostelgeschichte, dass der Kontakt mit Stoff, der von ihnen berührt worden war, ja sogar ihr Schatten, Heilungen bewirkte (Apostelgesch. 5,15; 19,11 f.).

14. Victor Nabor Felix pii

Victor, Nabor und Felix stammten aus Nordafrika und dienten im kaiserlichen Heer in Italien. Sie waren Christen. Deshalb ließ sie Maximinian Herculeus, der Mitregent Diokletians, im Jahr 304 in einem Militärlager bei Mailand enthaupten.

Zum Gedenktag der drei Märtyrer Victor, Nabor und Felix (8. Mai)

1 Victor, Nabor, Felix, pii
Mediolani martyres,
solo hospites, Mauri genus,
terrisque nostris advenae.

Sankt Victor, Nabor, Felix, fromm, gerecht,
sie sind als Mailands Märtyrer bekannt;
hier Fremdlinge, aus maurischen Geschlecht,
unwissend kamen sie in unser Land.

2 Torrens harena quos dedit,
anhela solis aestibus,
extrema terrae finium
exulque nostri nominis.

Die heiße Wüste brachte sie hervor,
wo Sonnenhitze auf die Erde brannte,
fernab, wo sich das Land ins Meer verlor,
und wo Roms edle Namen niemand kannte.

3 Suscepit hospites Padus
mercede magna sanguinis,
sancto replevit Spiritu
almae fides ecclesiae,

Das Tal des Po nahm sie als Gäste auf,
sie zahlten einen hohen Preis: ihr Blut.
Der Kirchenglaube nährte ihren Lauf,
erquickte mit dem HEIL'GEM GEIST den Mut,

4 et se coronavit trium
cruore sacro martyrum
castrisque raptos impiis
Christo sacravit milites.

und krönte sich mit einem Siegeskranze
durch's Blutopfer der drei, die ihn bezeugten,
ermordet in verruchter Festungsschanze,
Soldaten, die sich nur vor Christus beugten.

5 Profecit ad fidem labor   Ihr Dienst im Heer bewirkte diese Sicht,
   armisque docti bellicis   geschult, mit tödlichem Gerät zu streiten,
   pro rege vitam ponere,   war es, zu sterben für den Herrscher, Pflicht.
   decere pro Christo pati,   So ziemte sich's, auch für den HERRN zu leiden.

6 non tela quaerunt ferrea,   Soldaten Christi wollen nicht besitzen
   non arma Christi milites.   Geschoss und Schwert, das tötet und erschlägt.
   Munitus armis ambulat,   Des GEISTES Waffenrüstung wird den schützen,
   veram fidem qui possidet.   der stets den wahren Glauben in sich trägt.

7 Scutum viro sua est fides   Sein Glaube ist der Schild für einen Mann,
   et mors triumphus, quem invidens sein Opfertod das triumphale Zeichen;
   nobis tyrannus ad oppidum   das neidet und missgönnt uns der Tyrann,
   Laudense misit martyres.   er schickt nach Lodi die Märtyrerleichen.

8 Sed reddiderunt hostias   Jedoch die Opfer brachten sie zurück,
   rapti quadrigis corpora   man fuhr die Leichname auf Viergespannen.
   revecti in ora principum   Der Aufzug bot den Herrschern den Anblick
   plaustri triumphalis modo.   von Kämpfern, die dennoch den Sieg gewannen.

Anmerkungen:

Strophe 1 Für Ambrosius war es ganz wichtig, dass die Kirche zu Mailand auch Märtyrer aufweisen konnte. Er schrieb dazu: „Ein Senfkorn sind unsere Märtyrer Felix, Nabor und Victor. Sie hatten den Duft des Glaubens, aber sie blieben verborgen. Es kam die Verfolgung, sie legten die Waffen nieder, sie beugten den Nacken, getötet durch das Schwert, verbreiteten sie über die Grenzen der ganzen Welt die Gnade ihres Martyriums." In Zeile vier wird angedeutet, dass sie den christlichen Glauben erst in Italien kennenlernten.

Strophe 2 Die Heimat der drei Märtyrer war für Rom „Barbarenland". Sie wohnten am Ende der Erde, da wo das Land aufhörte und der Ozean begann. Keine der römischen Adelsfamilien lebte dort.

Strophe 3   Wie schon angedeutet, wurden die Mauren erst in Italien mit dem Christentum bekannt. Der „Glaube der Kirche" nährte sie, ließ sie im Glauben wachsen und stark werden, und in der Gemeinschaft der Christen empfingen sie den Geist Gottes.

Strophe 4   Und der „Glaube der Kirche" bildete den Nährboden für ihre Bereitschaft, Christus bis zum Martyrium nachzufolgen. Es ging damals stets um die Entscheidung: Verehrst du den Kaiser und die römischen Götter oder allein Christus? Hinrichtungsort war offensichtlich das Militärlager außerhalb der Stadt, wo die Feldzeichen standen, die dem heidnischen Kult dienten (castra impia). Für den „Glauben der Kirche" ist jeder Blutzeuge ein „Siegeskranz", denn mit seiner Treue bis in den Tod bezeugt der Märtyrer die Wahrheit des Evangeliums gegen Unglauben und Aberglauben (so Ambrosius).

Strophe 5   Die militärische Ausbildung war eine Vorschule für ihren Opfergang: Ein Soldat musste bereit sein, das Leben für den Kaiser einzusetzen.

Strophe 6   Miles Christi (Soldat Christi) ist ein von Ambrosius oft gebrauchter Name für Christen (2.Tim. 2, 3–6). Seinen Kampf soll er stets mit „geistlichen" Waffen führen, wie in Eph. 6,10–19 beschrieben wird.

Strophe 7   Das Opfer des Lebens für Christus war für die Kirche ein Zeichen des Sieges. Der heidnische Staat wollte durch Verfolgungen den christlichen Glauben ausrotten. Er musste schließlich feststellen, dass dadurch die Kirche stärker wurde. Der Kaiser (hier „Tyrann" genannt) ahnte das anscheinend und verbot, die Leichname der Märtyrer nach Mailand zu bringen. Denn ihre Gräber waren von der ersten Verfolgungszeit an Wallfahrtsorte, wo sich die Gemeinde besonders am Todestag des betreffenden versammelte.

Strophe 8   Eine begüterte Frau, Sabina von Lodi, veranlasste im Jahr 313 die Überführung der drei Märtyrer nach Mailand. Diesen Transport schildert Ambrosius als Triumphzug, wie er einem siegreichen Feldherrn in Rom gewährt wurde. Die Märtyrer fuhren auf einer Quadriga wie ein Imperator. Mailand war damals kaiserliche Residenz: So wurde der Kaiser Zeuge, wie der Christenglaube über das heidnische Rom gesiegt hatte. Nabor und Felix wurden durch den Bischof Maternus in einer Grabkapelle beigesetzt. In ihrer Nähe fand Ambrosius im Jahr 386 auch die Leichname der Märtyrer Gervasius und Protasius. Victor wurde zunächst in einem Waldstück beerdigt. Später baute man auch für ihn eine Grabkapelle, die dann zur Kirche Sant'Ambrogio gehörte. Es war für die Christen nach dem Konstantinischen Toleranzedikt sicher eine ganz starke Erfahrung, dass ihr Glaube über das Weltreich gesiegt hatte.

Literatur zu den ambrosianischen Hymnen

Neben den beiden oben genannten Büchern haben mir noch folgende Veröffentlichungen geholfen:

Banterle, Gabriele; Biffi, Giacomo; Biffi, Inos; Migliavacca, Luciano: Opera omnia di Sant'Ambrogio: Inni, iscrizioni, fragmenti, Bibliotheca Ambrosiana 1994.

Biffi, Inos: Preghiera e Poesia, Mailand 2010.

Blume S. J., Clemens: Unsere liturgischen Lieder. Das Hymnar der altchristlichen Kirche, Regensburg 1932.

Blume S. J., Clemens + Dreves S. J., Guido M.: Analecta Hymnica Medii Aevi, Hymnographi Latini, Zweite Folge, Leipzig 1907.

Bulst, Walther: Hymni Latini Antiquissimi LXXV. Psalmi III, Heidelberg 1956.

Dreves S. J., Guido Maria: Aurelius Ambrosius, „der Vater des Kirchengesanges", Amsterdam 1968.

Georges, Karl Ernst: Ausführliches lateinisch–deutsches Handwörterbuch, Bd. 1+2, Hannover 1962.

Löhr, Aemiliana: Abend und Morgen Ein Tag. Die Hymnen der Herrentage und Wochentage im Stundengebet, Regensburg 1954.

Schwerd, Andreas: Hymnen und Sequenzen, München 1954.

Walpole, Arthur Sumner: Early Latin Hymns, Hildesheim, Zürich, New York 2004.

Zerfaß, Alexander: Mysterium mirabile, Tübingen, Basel 2008.

Zoozmann, Richard: Laudate Dominum. Altchristliche Kirchenlieder und geistliche Gedichte, München 1928.

III. Das Gespräch

Hinführung

Es ist ein erfundener Dialog; denn Ambrosius ist seit über eintausendsechshundert Jahren nicht mehr in dieser irdischen Welt. Aber seine Gedanken und Einsichten sind noch in seinen Schriften gegenwärtig. Und beim Nachdenken darüber wurde mir klar, dass wir von ihm etwas lernen können, vor allem wir in Europa und Nordamerika, wo sich der christliche Glaube in einer Krise befindet, und besonders wir Protestanten, die wir uns von den Grundlagen des Christentums am weitesten entfernt haben. Es heißt zwar in unserer Kirche noch immer, dass sich das Predigen und Lehren nach der Heiligen Schrift und den Bekenntnisschriften richten soll. Aber längst haben wir der Beliebigkeit und der bequemen Anpassung an den jeweiligen Zeitgeist Tor und Tür geöffnet.

Martin Luther riskierte beim Reichstag zu Worms sein Leben, als er an den Aussagen der Bibel festhielt und die Worte sprach: „Hier stehe ich, ich kann nicht anders. Gott helfe mir! Amen." Bei uns aber heißt es oft: „Ich kann auch anders." Mit etwas Zeitverzögerung passen wir uns der jeweiligen öffentlichen Meinung an. Wie viele Verlautbarungen der Kirchenleitungen wurden veröffentlicht und später beiseite geschoben! Das Haltbarkeitsdatum dieser Äußerungen ist zwar länger als das Haltbarkeitsdatum von Joghurt. Aber in meinem sechzigjährigen Pfarrersein habe ich schon oft erlebt, wie aus „Nein!" „Ja!" und aus „Ja!" „Nein!" geworden ist. Damit wird kein Mensch überzeugt und gewonnen. Die vielen Kirchenaustritte sind der Beweis.

Reformation – Rückbesinnung auf die Reformatoren wie Martin Luther, auf die Kirchenväter wie Ambrosius und natürlich auf die Heilige Schrift – kann die Kirche erneuern, und das wird den Glauben unter uns stärken und vertiefen.

Deshalb möchte ich Ambrosius mit uns ins Gespräch bringen. Ich bin dabei Moderator und Verfasser in einer Person, abgekürzt „M. V." Der Gesprächspartner des Bischofs ist ein liberaler evangelischer Pfarrer. Ich nenne ihn „Christian Haereth": „Christian", denn er ist getauft, und bei „Haereth" klingt der Begriff „Häresie" an. Damit bezeichnete die Kirche eine falsche, von der Bibel abweichende Lehre. Ich gebrauche dieses Wort nicht als stolzer Besserwisser, sondern als einer, der an seiner Kirche leidet; denn es wurde mir in dieser Kirche die Taufe und der Glaube an den Herrn geschenkt. Die evangelische Kirche wurde meine Mutter. Das war in der Zeit nach dem Zweiten Weltkrieg, als wir uns erschrocken und beschämt von der Irrlehre der „Deutschen Christen" abgewendet hatten. Damals begann für mich das Theologiestudium. Nun zum Gespräch!

Jesus Christus, Gott und Mensch

M. V.: Herr Bischof, Sie haben für das Nizänische Bekenntnis gekämpft. Um was geht es da?

Ambrosius: In Jesus Christus begegnet uns Gott selbst.

M. V.: Wenn Jesus als göttliche Person geglaubt wird, verstoßen wir damit nicht gegen das Erste Gebot: Ich bin der Herr, dein Gott. Du sollst nicht andere Götter haben neben mir?

Ambrosius: Gott ist Einer. Aber er hat sich als Schöpfer, Erlöser und Heiliger Geist geoffenbart. Dass drei gleich eins sein soll, ist für unsern Verstand nicht zu begreifen. Aber es deutet auch an, wer er ist: Bei allem Nachdenken bleibt der ewige, unendliche Gott für uns ein Geheimnis. Mit unseren Begriffen versuchen wir falsche Lehren abzuwehren. Aber wir können nie sagen: „Ich habe Gott verstanden."

Christian H.: Für mich ist das Nizänum ein unglückliches Konstrukt. Da wird mit philosophischen Begriffen der Antike Jesus zum Gott hochstilisiert. Aber er war Mensch. Da bin ich auf der Seite des Arius. Sicher war Jesus ein besonderer Mensch. Seine Zeitgenossen empfanden das. Aber er war ein Geschöpf Gottes wie wir. Und wäre die Kirche der Lehre des Arius gefolgt, hätten wir keine Probleme mit Juden und Muslimen. Es gäbe schon längst eine Oekumene der drei abrahamitischen Religionen.

M. V.: Dann müsste doch wenigstens zwischen Juden und Muslimen Friede herrschen. Aber schon Mohammed hat gegen die Juden gekämpft und in Medina Hunderte ermorden lassen. – Doch zurück zum Nizänischen Bekenntnis: Warum, Herr Bischof, haben Sie betont, dass Jesus nicht nur Mensch ist, sondern zugleich Gott?

Ambrosius: Jesus hat Sünden vergeben. Das kann nur Gott. Unzählige Menschen wurden damals gekreuzigt. Dadurch ist aber niemand aus Tod und Hölle erlöst worden. In Jesus hat Gott selbst das Opfer für uns vollbracht.

M. V.: Das betonen wir ja auch, wenn wir das heilige Abendmahl austeilen. Da heißt es: „Christi Leib, für dich gegeben." Und: „Christi Blut, für dich vergossen zur Vergebung der Sünden."

Christian H.: Ich halte überhaupt nichts von dieser blutigen Opfertheologie. Das sind Vorstellungen einer längst vergangenen Zeit, als man meinte, man könnte die Götter durch Opfer gnädig stimmen. Für mich ist Gott „Liebe". Er vergibt, ohne den Tod eines Menschen zu verlangen.

M. V.: Und warum ist dann Jesus am Kreuz gestorben?

Christian H.: Er hat es gut gemeint und wurde dafür umgebracht. Eigentlich ist er gescheitert. Das zeigt ja auch sein Schrei am Kreuz: „Mein Gott, mein Gott, warum hast du mich verlassen?"

M. V.: Ein Mensch, der es gut gemeint hat, aber gescheitert ist? Warum sind dann seine Jünger als Missionare in andere Länder gegangen und haben Verfolgung und Märtyrertod auf sich genommen?

Christian H.: Sie waren wahrscheinlich von dem überzeugt, was sie gepredigt haben. Aber das muss nicht unsere Überzeugung sein.

M. V.: Und von was sind Sie überzeugt? Für was setzen Sie sich ein?

Christian H.: Es gibt nur diese Erde. Und wir müssen dafür sorgen, dass das Leben hier weiterhin möglich ist. Deshalb kämpfe ich für die Bewahrung der Schöpfung, für Frieden unter den Völkern und für soziale Gerechtigkeit. Das ist mein Christentum!

Ambrosius: Übernimmst Du Dich da nicht als sterblicher Mensch? Gott hat Sonne, Mond und die Sterne geschaffen, und er bestimmt ihre Bahn. Er lässt es auf der Erde Tag und Nacht werden, Sommer und Winter. Er lässt die Saat wachsen und die Frucht reifen. Er gibt uns das Leben. Von ihm kommt alles. Kannst Du da etwas hinzufügen? – Und Frieden? Natürlich haben wir in Mailand um Frieden gebetet. Und ich habe einige Male zwischen den streitenden Machthabern zu vermitteln versucht. Aber es gab immer wieder Kriege, weil die Herrschenden um Macht und Einfluss gestritten haben. Und gegen unsere Grenzen stürmten die Barbaren, sodass wir uns vor Tod und Untergang fürchteten. – Soziale Gerechtigkeit? Wir haben in der Gemeinde den Armen und Kranken geholfen. Wir haben auch Sklaven freigekauft. Das erscheint Dir sicher als zu wenig. Aber es wird immer Unterschiede geben. Jesus sagte bei der Salbung in Bethanien den Satz: „Arme habt ihr allezeit bei euch." Das ist die nüchterne Sicht der Welt, bevor das Reich Gottes anbricht.

Christian H.: Werden die Menschen da nicht auf ein besseres Jenseits vertröstet? Und die eigentlichen Probleme, die uns jetzt auf den Nägeln brennen, werden beiseitegeschoben?

Ambrosius: Die tiefste Not der Menschheit ist die Sünde, das Getrenntsein von Gott, und als Folge davon der Tod. Seit wir uns mit Adam von Gott abgewendet haben, wird unser Dasein davon bestimmt. Sünde und Tod versklaven uns. Und keine menschliche Anstrengung kann uns befreien. Deshalb ist Gott selber in Jesus in die Welt gekommen und hat sich für uns eingesetzt, hat für uns gekämpft und sich für uns geopfert. Das geschah, als er am Kreuz starb und am dritten Tag auferstand. Wenn Du diese Botschaft den Menschen verschweigst, verschließt Du ihnen die Tür zur Erlösung. Du lässt sie im Dunkel eines sinnlosen Lebens, im Gefängnis von Sünde und Tod.

M. V.: Übrigens: Alle Ideologien, die eine Selbsterlösung, die Erlösung des Menschen durch Menschen, propagiert haben, sind gescheitert. Ein Fiasko, das viele noch erlebt haben, war der Kommunismus. Da wurde das „Paradies auf Erden" versprochen. Und viele Menschen erlebten es als Hölle. Ähnlich war es beim „Tausendjährigen Reich" Hitlers – eine schreckliche Bilanz!

Ambrosius: Aber Jesus ist nicht gescheitert, wie Christian meint. Am Ende seines irdischen Weges konnte er sprechen: „Es ist vollbracht!" Und das ist kein leeres Wort. Der Herr schenkt Frieden und ein erfülltes Leben, wenn wir sein Wort annehmen und ihm nachfolgen. Und er gibt uns eine Hoffnung über den Tod hinaus. Das kann jeder erfahren, auch Du, Christian.

Das Herzstück des Glaubens

M. V.: Herr Bischof, immer wieder wurden Sie bewundert, weil Sie dem mächtigen Kaiser Theodosius eine Bußzeit auferlegt haben, und er hat sie auf sich genommen. Später wurde das oft so verstanden, dass die Kirche über der staatlichen Verwaltung stehen würde und dass der Bischof dem weltlichen Herrscher Anweisungen geben dürfte.

Ambrosius: Theodosius war ein gläubiger Christ. Er hatte eine schwere Schuld auf sich geladen; denn auf seinen Befehl hin geschah das Massaker in Thessalonich. Mord und Totschlag schließen vom Reich Gottes aus. Der Kaiser war damals Gemeindeglied in der Mailänder Kirche. Da war es meine Pflicht als Seelsorger, seine Sünde zu benennen und von ihm die Buße zu fordern. Es ging um seine Rettung. Und ich hätte Schuld auf mich geladen, wenn ich stumm geblieben wäre. Mich bewegte nicht die Frage, ob der Bischof über dem Kaiser steht, sondern ich war der Hirte, der einem Schaf nachgeht, das sich verirrt hat.

Christian H.: Sünde benennen, zur Buße rufen – ich empfinde das als Gewissenszwang. Da wird mit der Hölle gedroht, damit jemand zu Kreuze kriecht und um Vergebung bittet. Wir sollten endlich aufhören, Menschen so zu bedrängen. Übrigens, in unserer Zeit geht das sowieso nicht. Die Menschen lassen sich nicht mehr von der Kirche unter Druck setzen.

Ambrosius: Du weißt aber schon, mit welcher Botschaft der Herr Jesus seine Verkündigung begonnen hat? Er nahm den Bußruf Johannes des Täufers auf: „Tut Buße, denn das Himmelreich ist nahe herbeigekommen." Umkehr und Reue, das ist der erste Schritt, um gerettet zu werden. Denn seit Adam wollen wir Menschen selber Gott sein, wir wollen tun und lassen, was uns gefällt, ohne nach ihm, dem Herrn, zu fragen. Deshalb liegt die Welt im Argen. Merkst Du nicht, wie es in der Welt zugeht? Wie durch böse Gedanken, die zu bösen Taten werden, menschliches Leben zerstört wird? Es ist nötig, dass wir uns von unserer bisherigen Einstellung abwenden und zu Gott bekehren. Nur wenn wir zu Gott gehören wollen und seine Gebote annehmen, sind wir Bürger seines Reiches. So möchte ich Dich schon einmal fragen: Hast Du Dich zu Gott bekehrt?

Christian H.: Darauf muss ich jetzt nicht antworten. Das geht niemand etwas an.

Ambrosius: Wenn ich an den Kaiser Theodosius denke, dann beeindruckt mich dies am meisten: Er wusste sich als Sünder, der die Vergebung nötig hatte, und er war deshalb auch bereit, dem zu vergeben, der an ihm schuldig geworden war. Ein mächtiger Herrscher, der große Siege errang und Milde üben konnte!

Christian, Buße und Vergebung, das ist das Herzstück des christlichen Glaubens. Jesus ist gekommen, um uns mit Gott zu versöhnen. Erinnere Dich doch an den Schächer, der neben Jesus am Kreuz hing. Er bekannte, dass er schuldig geworden war und er bat: „Herr, gedenke an mich, wenn Du in Dein Reich kommst!" Und Jesus antwortete: „Wahrlich, ich sage dir: Heute wirst du mit mir im Paradiese sein."

Christian H.: Das tun wir auch: Einem Sterbenden sagen wir immer etwas Tröstliches.

Ambrosius: Aber sagt Ihr dem Sterbenden auch das Entscheidende, dass Jesus unsere Rettung ist, und dass wir uns zu ihm bekehren müssen?

Christian H.: Diese schroffe Ausschließlichkeit stößt die Menschen eher ab, als ihnen zu helfen.

Staat und Kirche

M. V.: Herr Bischof, mit einem anderen Kaiser, nämlich mit Valentinian II. und mit dessen Mutter Justina, hatten Sie wohl größere Schwierigkeiten?

Ambrosius: Beide waren Anhänger der arianischen Sekte. Als sie nach Mailand übersiedelten, brachten sie einen Bischof mit, der das Nizänische Bekenntnis leugnete. Und dann befahlen sie mir, eine Basilika dem arianischen Kult auszuliefern. Sie begründeten ihre Forderung mit der Behauptung: Der Kaiser habe die Herrschaft über alles; er könne auch über die Kirchen verfügen.

M. V.: Sie haben damals mit einem Satz geantwortet, den man sich merken muss.

Ambrosius: Wenn der Kaiser Christ ist, dann steht er in der Kirche, nicht über der Kirche. Über der Kirche steht allein Christus.

M. V.: Das bedeutet: Eine Regierung soll nicht über Fragen des Glaubens bestimmen. Staat und Kirche sind zwei Größen, die verschiedene Aufgaben haben: Die weltliche Regierung sorgt für Recht und Ordnung in einem Land. Und wenn sie gut ist, kümmert sie sich um das Wohlergehen der Einwohner. Die Kirche aber ist für die Verkündigung des christlichen Glaubens und für den Gottesdienst zuständig.

Christian H.: Aber die Kirche hat auch ein politisches Mandat, gerade wenn es um die Bewahrung der Schöpfung, um Frieden und Gerechtigkeit geht. Staat und Kirche lassen sich nicht so säuberlich unterscheiden, wie Sie das tun. Schließlich geht es in Staat und Kirche um die gleichen Menschen.

M. V.: Sind Kirchenleute die besseren Politiker?

Christian H.: Das behaupte ich nicht. Aber es gibt so etwas wie ein prophetisches Amt der Kirche: Christen erkennen eine Ungerechtigkeit, eine Fehlentwicklung. Und sie weisen darauf hin. Dass so eine öffentliche Kritik richtig sein kann, sehen wir bei den Propheten in Israel.

Ambrosius: Ich habe mich geäußert, wenn mich ein Regent gefragt hat. Aber noch wichtiger war mir, die Übergriffe der Herrscher auf die Kirche abzuwehren und ihnen den wahren Glauben zu bezeugen. Denn seit Konstantin haben sie immer wieder versucht, in die Kirche hineinzuregieren. Sie wollten uns Bischöfen vorschreiben, was die rechte Lehre ist.

M. V.: Herr Bischof, wie würden Sie folgende Situation beurteilen? Da ist ein Theologe, der durch sein Studium in der Heiligen Schrift feststellt, dass in der Kirche seiner Zeit Irrlehren aufgekommen sind. Er fordert die Bischöfe und Kirchenlehrer auf, das nachzuprüfen und die Fehlentwicklungen abzustellen. Aber die Bischöfe weigern sich und fordern, den Theologen und seine Anhänger zu bestrafen. Das, was er als Lehre der Bibel erkannt hatte, sollte unterdrückt werden. Nun ruft der Theologe die weltlichen Herrscher um Hilfe an. Sie sollten die Kirchenregierung übernehmen und die Reformen durchführen. War das richtig?

Ambrosius: Eine schwierige Frage! Wir rechtgläubigen Bischöfe haben beim Streit um das Nizänum den Kaiser Theodosius dafür gewonnen, dass das Bekenntnis Reichsgesetz wurde. Die staatliche Gewalt half uns, den richtigen Glauben durchzusetzen.

Christian H.: Für mich hat das Nizänum deshalb diesen Makel: Die Bischöfe konnten sich nicht einigen. Da sprach der Kaiser ein Machtwort. Seitdem haben wir den „richtigen Glauben".

M. V.: Aber hat die evangelische Kirche, der wir beide angehören, nicht den gleichen Geburtsfehler? Martin Luther hat den Ablasshandel, den Reliquienkult und die Alleinherrschaft des Papstes über die Kirche als Irrweg angeprangert. Er rief zu Reformen auf. Aber die Kirchenoberen haben das zurückgewiesen und sind mit Gewalt dagegen vorgegangen. Da forderte Luther die weltlichen Fürsten auf, die Reformation der Kirche auf ihrem Gebiet durchzuführen. Sie machten das und waren dann auch „Bischöfe".

Christian H.: Man nannte sie ausdrücklich „Notbischöfe", weil es zumindest in Deutschland keine andere Möglichkeit gab.

M. V.: Herr Bischof, sollen weltliche Regenten die Kirche leiten?

Ambrosius: Nein, das soll nicht sein. Weltliche Herrschaft und geistliches Amt dürfen nicht vermischt werden. Jesus hat da einen klaren Trennungsstrich gezogen. Er sagte: „Die Fürsten halten ihre Völker nieder und die Mächtigen tun ihnen Gewalt. Aber so soll es nicht sein unter euch." Und vor Pilatus bezeugte er: „Mein Reich ist nicht von dieser Welt." Gut ist es für die Menschen, wenn Staat und Kirche das tun, was ihnen aufgetragen ist. Der Staat soll nicht über das bestimmen, was in der Kirche verkündigt wird. Und die Kirche soll nicht Politik machen.

Christian H.: Ich behaupte noch einmal, dass man beides nicht trennen kann. Als Christen haben wir auch die Verantwortung für das, was in der Politik geschieht. Und umgekehrt dürfen wir uns auch nicht vor dem abschotten, was die Allgemeinheit denkt und tut. Wenn wir die Menschen nicht verlieren wollen, dann müssen wir das mitmachen, was gerade modern ist. Ansichten, Gewohnheiten, Sitten ändern sich. Wir erreichen niemand mehr, wenn wir so predigen wie im Mittelalter oder wie zu Luthers Zeiten.

Ambrosius: Als Statthalter in Mailand musste ich mich mit den Problemen und Ansichten der Menschen befassen. Und das habe ich auch als Bischof nicht vergessen. Aber mit den Jahren änderte sich meine Blickrichtung. Das Wort der Heiligen Schrift bestimmte mein Denken immer mehr. Wichtiger als das, was die Leute für richtig hielten, wurde mir die Frage: „Was sagt der Herr?" Ich fand zu der Einstellung, die der Begriff „fuga saeculi" beschreibt – Abkehr von der Welt, ja Weltflucht und Hinwendung zum Reich Gottes, das kommt. Im Evangelium finde ich keinen Hinweis, dass der Herr einem Politiker vorgeschlagen hat, wie der die Welt verbessern soll. Jesus blickte auf das Himmelreich. Das erwartete er und davon sprach er in seinen Gleichnissen. Und er passte sich mit seiner Verkündigung nicht den Ansichten an, die damals von der Mehrheit vertreten wurde. Das, was er sagte, wurde von den Juden abgelehnt und von den Heiden sowieso.

Christian H.: „Weltflucht", das haben wir ja nun „Gott sei Dank!" überwunden. Das geschah schon durch unseren Reformator Martin Luther, als er das Kloster verließ und uns belehrte, dass auch ein weltlicher Beruf Dienst für Gott sein kann.

M. V.: Bischof Ambrosius, Sie haben die Abkehr von der Welt gelebt und gepredigt, und Sie haben doch in das Geschehen ihrer Zeit hineingewirkt wie damals kein anderer Kirchenmann. Besteht da vielleicht ein Zusammenhang: je mehr Distanz zur Welt, umso größer ist die Wirkung auf sie?

Ambrosius: Dazu kann ich nichts sagen. Ich sehe Gott am Werk. Es gab Zeichen seines Erbarmens und es gab Ereignisse, die mir Angst machten und wo ich mich hilflos fühlte. Und das machte mich demütig.

Heilige Schrift und Tradition

M. V.: Herr Bischof, wenn man die Kirchengeschichte Ihrer Zeit studiert, begegnet man einer verwirrend großen Zahl von kirchlichen Gruppen und Sekten. Bischöfe stritten gegeneinander. Synoden sprachen Verdammungsurteile. Neben den vier Evangelien, die jetzt im Neuen Testament stehen, gab es weitere, die angeblich auch von den Aposteln geschrieben worden waren. Es gab noch andere Apostelbriefe und „Geheime

Offenbarungen". Wie konnte da ein Bischof das finden, was Jesus und die Apostel gelehrt hatten?

Ambrosius: Gott fügte es, dass ich Christen begegnet bin, die mir die Wahrheit bezeugten. Ihnen habe ich zugehört und von ihnen gelernt. Meine Schwester Marcellina las Bibelhandschriften, und sie sprach mit uns darüber. Ich besuchte auch die Predigten des römischen Bischofs. Ich erlebte, wie die Kaiser die arianische Lehre bevorzugten. Bischöfe, die das Nizänum bekannten, wurden abgesetzt und in die Verbannung geschickt. Aber diese Verurteilten blieben trotzdem bei ihrer Überzeugung. Ich begegnete auch Philosophen und Sektenpredigern, ich besuchte Gottesdienste, die von arianischen Bischöfen geleitet wurden. Und Gott lenkte mich so, dass ich bei der Offenbarung blieb, die uns durch Christus gegeben wurde und die auch in künftigen Zeiten gelten wird.

Christian H.: Religiöse Wahrheiten ändern sich. Unsere germanischen Vorfahren dachten, dass Blitze entstehen, wenn ihr Gott Thor seinen Hammer schmeißt. Der Schreiber der Schöpfungsgeschichte im Buch Genesis meinte, dass die Welt buchstäblich in sechs Tagen entstanden ist. Und noch vor dreihundert Jahren rechnete man mit bösen Geistern und Hexen. Und manche glauben heute noch an Wunder. Aber das ist doch alles durch wissenschaftliche Erkenntnisse überholt. Die christlichen Kirchen wird es zukünftig nur dann geben, wenn sie zeitgemäß sind, wenn sie nicht Dinge behaupten, die nicht mehr geglaubt werden.

M. V.: Herr Bischof, muss die Kirche ihre Lehre dem anpassen, was die Mehrheit der Menschen gerade für richtig hält?

Ambrosius: Wir leben natürlich in einem bestimmten geistigen Umfeld und werden davon beeinflusst. Während meines Studiums wurden wir von der Philosophie der Stoiker und Neuplatoniker geprägt. Als ich dann predigen musste, flossen diese Gedanken mit in meine Verkündigung ein. Je länger ich mich aber mit der Bibel befasste, um so mehr erkannte ich auch den fundamentalen Unterschied.

M. V.: Wo zum Beispiel?

Ambrosius: Die Philosophen lehren, dass wir uns durch moralisches Wohlverhalten selber vervollkommnen müssen. Oder dass die Seele in die himmlische Welt zurückkehrt, wenn sie zu höherer Erkenntnis gelangt ist. Aber kein Mensch kann sich aus Sünde und Tod erlösen. Das sagt uns die Heilige Schrift. Und das erkennen wir auch, wenn wir uns kritisch und ehrlich prüfen. Wir kommen nicht zu Gott, wenn er uns nicht zu sich zieht. Wir müssen auch immer neu um Vergebung bitten. Das macht uns demütig. Und es weckt in uns die Liebe zu Gott, der uns sein Erbarmen schenkt. Wir werden dann auch barmherzig unseren Mitmenschen gegenüber. Wir sind eine Gemeinschaft begnadeter Sünder. Demut haben mich die Philosophen nicht gelehrt. Und Jesus, der unser Erlöser ist und im Zentrum unseres Glaubens steht, wurde von ihnen abgelehnt.

M. V.: Diese Erfahrung der eigenen Verlorenheit und der unverdienten Gnade machte auch Martin Luther. Deshalb konnte er Jesus und sein Erlösungswerk rühmen und preisen. Ich denke an den Choral: „Nun freut euch, lieben Christen g'mein ..." Da dichtet er: „Dem Teufel ich gefangen lag, im Tod war ich verloren ..." Oder: „Die Angst mich zum Verzweifeln trieb, dass nichts denn Sterben bei mir blieb, zur Höllen musst ich sinken ..." Und dann die Erfahrung von Erlösung und Annahme: „Da jammert Gott in Ewigkeit mein Elend übermaßen. Er dacht an sein Barmherzigkeit, er wollt mir helfen lassen ..."

Christian H.: Da klingt aber schon mittelalterliche Höllenangst an und die Vorstellung von der ewigen Qual im Feuer. Das können wir niemanden mehr vermitteln. Gott ist Liebe und vergibt uns. Das ist unsere zeitgemäße Verkündigung.

M. V.: Ich denke, wir haben die Botschaft von der Rechtfertigung des Sünders „weichgespült". Die Gebote Gottes wurden unserem Geschmack angepasst. Und deshalb fühlt sich auch niemand mehr als „verlorener und verdammter Sünder ", wie es Luther in seinem Katechismus formuliert. Ja, vieles, was die Heilige Schrift als „Sünde" benennt, ist für uns keine Sünde mehr. Und da Gott sowieso „Liebe" ist und vergibt, brauchen wir auch nichts mehr zu bereuen. Es ist nicht mehr nötig umzukehren. Ja, wir müssen die Sünde nicht einmal mehr vor Gott bekennen. In vielen Gemeinden wird die Beichte überhaupt nicht mehr angeboten.

Christian H.: Für mich ist das eine folgerichtige Entwicklung: von der Höllenangst im Mittelalter über Luthers Erkenntnis von der Rechtfertigung des Sünders zu unserer jetzigen Überzeugung, dass Gott Liebe ist und Sünde nicht bestraft, sondern vergibt. Und das haben Sie auch richtig gesehen: Vieles, was früher als Sünde verdammt wurde, ist für uns moderne Menschen keine Sünde mehr.

M. V.: Herr Bischof, kann es sein, dass eine Kirchenlehre, die jahrhundertelang verkündet und geglaubt wurde, später als falsch abgelehnt oder sogar in ihr Gegenteil verkehrt wird?

Ambrosius: Ich kann mir nicht vorstellen, was Du meinst. Deshalb kann ich Deine Frage auch nicht gleich beantworten. Ich denke an unser Ringen um die rechte Lehre von Gott und Christus. Sie war nicht sofort da. Die Lehrer der Kirche haben nachgedacht, gefragt, diskutiert und gestritten. Sie forschten und suchten, was die Heilige Schrift dazu sagt. Und wir haben gebetet, dass uns Gottes Geist zur Wahrheit leiten möchte. Das hat uns ja der Herr verheißen. Am Ende kam die Synode zusammen und hat festgestellt: Das ist Wahrheit. Und jenes ist Irrlehre.

M. V.: Können Synoden irren?

Ambrosius: Natürlich gab es Synoden, die auch Irrtümer beschlossen haben. Aber der Herr fügte es, dass sich Wahrheit als Wahrheit und Irrlehre als Irrlehre erwies. Er hat es versprochen, dass er in der Kirche wirkt und die Wahrheit offenbart.

M. V.: Dann gibt es vielleicht auch für die evangelische Kirche noch eine Hoffnung.

Ambrosius: Was bedrückt Dich?

M. V.: In den letzten Jahrzehnten sind in der evangelischen Kirche, der ich angehöre, mit atemberaubender Geschwindigkeit Beschlüsse gefasst worden, die von einem Teil der Mitglieder als Irrlehre angesehen werden.

Ambrosius: Warum?

M. V.: Weil die Äußerungen der Synoden und Kirchenleitungen dem widersprechen, was die Heilige Schrift sagt und was die Kirche zweitausend Jahre lang geglaubt hat.

Christian H.: Was wurde nicht schon alles geglaubt und dann aufgegeben, weil es nicht mehr in die Zeit passte!

Ambrosius: Welche neuen Lehren wurden denn von Euch beschlossen?

M. V.: Man ordinierte Frauen zum Priesteramt. Dann hieß es: Ehebruch und Ehescheidung passieren eben; man muss es tolerieren, ebenso die fleischliche Gemeinschaft von Mann und Frau vor und außerhalb der Ehe. Dann beschlossen die Synoden, dass eine schwangere Frau ihr werdendes Kind abtreiben lassen kann, wenn das geborene Kind für sie eine zu große Belastung und Schwierigkeit bedeuten würde. Dann wurde verboten, den Juden das Evangelium von Jesus Christus zu verkünden; sie würden ja im Bund mit Gott leben und bräuchten deshalb die Erlösung durch den Glauben an Jesus nicht. Und schließlich gibt man den Segen, wenn ein Mann einen Mann heiratet und wenn eine Frau eine Frau heiratet. Männerpaare und Frauenpaare leben sogar im Pfarrhaus. Zuletzt wird noch behauptet, dass jeder selbst bestimmen kann, ob er als Mann oder Frau leben will. Ein Mann muss sein Geschlecht nicht annehmen, er kann sich auch entscheiden, als Frau zu leben und umgekehrt.

Ambrosius: In meinen Ohren klingt manches grauenhaft. Ähnliches geschah im heidnischen Rom. Aber Norm und Sitte war das auch im Heidentum nicht. Meine Lehrer, die der Philosophie der Stoa anhingen, sagten uns: „Es geziemt sich, gemäß der Natur zu leben. Und schimpflich ist alles, was man gegen die Natur tut."

Christian H.: „Die Liebe ist des Gesetzes Erfüllung." Das steht in der Bibel. Wenn Liebe gelebt wird, kann das nicht Sünde sein. Wenn sich also zwei Menschen lieben und füreinander Verantwortung übernehmen, ist das für uns in Ordnung. Die Liebe braucht keine weiteren Paragraphen.

M. V.: Aber die Liebe hat doch eine bestimmte Gestalt und Struktur. Und das wird durch die Gebote Gottes und Ermahnungen in der Bibel entfaltet. Sie würden doch auch nicht behaupten: „Aus Liebe töte ich einen Menschen." Das Gebot heißt: „Du sollst nicht töten." Und das ist genau „Liebe" – nicht zu töten.

Christian H.: Selbst das würde ich in bestimmten Situationen hinterfragen. Stellen Sie sich vor: Eine Frau ist unheilbar an Krebs erkrankt, sie leidet, sie hat furchtbare Schmerzen, ihr Leben ist nur noch eine Qual. Kann es dann nicht Liebe sein, wenn ihr Ehemann auf ihre Bitte hin ein Mittel besorgt, das ihr Leben und ihre Not beendet?

M. V.: Mit diesem Argument hat man in der Nazidiktatur viele tausend Behinderte ermordet. Sie galten als „lebensunwertes Leben".

Ambrosius: Gott gibt uns das Leben. Er allein darf es wieder zurücknehmen. Wenn wir die Gebote außer Kraft setzen, ist das wie ein Dammbruch bei Hochwasser. Die Flut ist nicht mehr aufzuhalten.

M. V.: Das wurde dann ja auch sichtbar. Unter dem Diktator Hitler wurden nicht nur Kranke und Behinderte ermordet, sondern auch sonstige „minderwertige Individuen", wie man sagte: Juden, Russen, Polen, „Zigeuner", Andersdenkende, Homosexuelle, Zeugen Jehovas – ach, das Leben anderer Menschen galt diesen Verbrechern überhaupt nichts mehr. Deshalb dürfen wir ein Gebot Gottes nie in Frage stellen.

Christian H.: Wenn Sie sich so auf die einzelnen Paragraphen des Gesetzes im Alten Testament versteifen, dann müssten Sie auch Ehebrecherinnen steinigen, ebenso Gotteslästerer. Sie dürften auch kein Schweinefleisch essen. Ach, es gibt noch viele Vorschriften in der Bibel, die wir als absurd ablehnen, von den kultischen Vorschriften ganz zu schweigen.

Ambrosius: Für uns ist Jesus Christus der Gesetzgeber und Richter. Und es gilt für uns Christen das Gesetz, wie er es gelehrt und ausgelegt hat, und wie es die Apostel in ihren Briefen entfaltet haben. Es finden sich im Neuen Testament viele Anweisungen, wie wir als Christen leben sollen. Der christliche Glaube wurde nicht ohne das Gesetz gelehrt und gepredigt. „Gesetzlos" ist nach dem Neuen Testament die Zeit des Antichristen.

M. V.: Luther und die Reformatoren betonten jedenfalls, dass beides nötig ist, die Predigt des Gesetzes und die Predigt des Evangeliums. Diese Tradition lehnen heute viele protestantische Theologen ab.

Ambrosius: Der Herr hat das Gesetz neu ausgelegt, aber er hat es bestätigt: Kein Buchstabe des Gesetzes sollte abgetan werden.

M. V.: Die evangelische Kirche ist von einer schlimmen Krankheit überwältigt worden. Und ich fürchte, die Krankheit führt zum Tode. Ist so etwas möglich, Herr Bischof?

Ambrosius: Es ist möglich. Zu meiner Zeit gab es etliche Vereinigungen, die sich „christlich" nannten und dann untergegangen sind. Ich denke an die Anhänger von Marcion und Montanus oder an die Manichäer. Diese Gruppierungen waren zeitweise eine starke Konkurrenz für die Kirche. Die gnostischen Sekten behaupteten, die bessere Kirche zu sein. In Wirklichkeit verkehrten sie die christliche Botschaft ins Gegenteil. Und die arianischen Gemeinden hatten zeitweise mehr Mitglieder als die Kirche, zudem wurden sie von den Kaisern begünstigt.

M. V.: Wie konnten diese Verirrungen überwunden werden?

Ambrosius: Letztlich war es Gottes Werk. Die christliche Wahrheit siegt dort, wo Menschen an den Worten des Herrn und seiner Apostel festhalten. Die Worte der Heiligen Schrift sind der Felsengrund, auf dem die Kirche alle Verführungen und Anfechtungen übersteht.

Christian H.: Von Bibelzitaten halte ich nichts. Wenn Sie heute zu einem Menschen sagen: „Es steht geschrieben ...", wird er Sie verständnislos anschauen und mit dem Kopf schütteln. Das überzeugt niemanden mehr. Aber die Menschen sind religiös, auch wenn sie sich nicht zur Kirche halten. Sie suchen da und dort nach spirituellen Erfahrungen und Weisheiten. Und deshalb sollten wir die Schätze aller Religionen sammeln und anbieten, sozusagen eine Welteinheitsreligion machen. Da erzählt der Imam von den fünf Säulen des Islam, der buddhistische Mönch führt uns in die Kunst der Meditation ein, der Brahmane lehrt uns die Philosophie, auf dem der hinduistische Glaube beruht und aus China bekommen wir etwas von der Weisheit des Konfuzius.

M. V.: Und was sagt der christliche Bischof dazu?

Christian H.: Er sagt uns etwas über …

Ambrosius: Entschuldigung! Er betont, dass die Bibel jede Religionsvermischung abweist. Und die Geschichte zeigt, dass jüdische und christliche Gemeinden, die sich dem Synkretismus geöffnet haben, untergegangen sind.

Märtyrerverehrung

Christian H.: Letztlich geht es doch bei allen Religionen um das Gleiche, ob die Stifter nun Mose, Jesus, Buddha, Mohammed oder Konfuzius heißen. Es ist alles eins – wenn man es nur erkennen will. Und wo es erkannt wird, dort gibt es auch keine Religionskriege und keine Verfolgung von Andersgläubigen mehr.

Ambrosius: Dann wären unsere Märtyrer umsonst gestorben? Sie weigerten sich, andere Götter anzubeten. Und sie hielten daran fest, auch als man sie mit dem Tod bedrohte.

M. V.: Sie waren wohl nur etwas zu „dumm", um zu begreifen, dass Jesus und Jupiter und der Kaiser Nero dasselbe sind. Herr Haereth, glauben Sie wirklich, dass sich in Jesus Christus und im Kaiser Nero derselbe Gott offenbart?

Christian H.: Das ist natürlich ein extremes Beispiel. Für mich war Nero auch kein Gott.

M. V.: Herr Bischof, wie beurteilen Sie die Götter der Heiden, denen man Bilder aufstellte, um dann vor ihnen zu beten und zu opfern?

Ambrosius: In der Welt gibt es viele geistige Mächte. Wir nennen sie Engel und Dämonen. Die einen verführen, versklaven und zerstören menschliches Leben. Die anderen dienen Gott und helfen den Menschen, ihn zu finden und Gutes zu tun. Die Götzen der Heiden sind dämonische Gewalten. Ihnen dürfen wir unser Herz nicht öffnen. Sonst verlieren wir Gott. Er ist der Ursprung und die Quelle des Guten. Er hat den Kosmos geschaffen und auch einen jeden von uns. Von ihm kommen wir, und auf ihn gehen wir zu, und jeder muss vor ihm Rechenschaft ablegen, ob er treu und gehorsam war.

M. V.: Die Märtyrer haben die Treue durchgehalten, auch als ihnen der Kaiser Folter und Tod androhte.

Christian H.: Aber haben Sie, Herr Bischof, mit dem Märtyrerkult nicht dem *einen* Gott weitere „Götter" an die Seite gestellt? Sie feierten die Gedenktage mit großem Pomp. Unter jedem Altar sollte ein Märtyrer begraben sein, oder wenigstens ein Knochen von ihm, oder wenn es das nicht mehr gab, ein Stück Stoff, das mit seinem Knochen in Berührung gekommen ist. Die Menschen riefen die Märtyrer im Gebet an und erhofften Heilung und Hilfe. Sie machten Wallfahrten zu ihren Gräbern. In einem Ihrer Hymnen schildern Sie, wie die Volksmassen in Rom zu den Grabstätten der Apostel Petrus und Paulus strömen. Da ist doch der ganze Götterhimmel der Griechen und Römer wieder erstanden. Das sieht man auch am Pantheon in Rom. Das war ein Tempel, wo alle Götter angebetet wurden. Jetzt ist es eine Kirche, in der man die Jungfrau Maria und alle Märtyrer verehrt.

Ambrosius: Die Märtyrer sind keine „Nebengötter", wie Du mir unterstellst. Sie sind erlösungsbedürftige Menschen wie Du und ich. Und sie haben das gewusst. Deshalb haben sie bei Jesus ausgeharrt, weil allein bei ihm Vergebung und ewiges Leben zu finden ist. Diese Bekenner sind für uns Vorbilder. Es ist gut, an sie zu erinnern und ihre Geschichte zu erzählen. Denn sie machen uns Mut, bei Jesus zu bleiben, auch wenn wir beschimpft und bedroht werden.

M. V.: Christen wurden von den Römern oft wie der letzte Dreck behandelt oder als Feinde der Menschheit verleumdet. Ihre Religion hielt man für etwas Schlechtes und Unsinniges. Vielleicht hatte Jesus das vorausgesehen, als er sagte. „Die Letzten werden die Ersten sein."

Christian H.: Ich halte das Märtyrertum für etwas Archaisches, für etwas, das nicht mehr in unsere Zeit passt, so wie die Kreuzzüge, die Inquisition und wie die Scheiterhaufen für Hexen und Ketzer. Gott sei Dank, leben wir jetzt in einer Welt der Toleranz.

M. V.: Wer war denn nach Ihrer Meinung damals intolerant? Die Kaiser, die töten ließen, oder die Märtyrer, die getötet wurden?

Christian H.: Ich denke, beide waren intolerant – die Kaiser, die eine andere Meinung nicht gelten ließen, und die Märtyrer, die geglaubt haben, nur ihre Meinung sei wahr.

M. V.: Ist Ihnen nie klar geworden, dass nicht die angepassten Opportunisten, denen alles gleichgültig ist, sondern die opferbereiten Bekenner die Gewissensfreiheit erstritten haben? Oder um es mit Beispielen aus der Vergangenheit zu illustrieren: Wer stand für die Gewissensfreiheit – die in der Nazidiktatur „Heil Hitler" geschrien haben oder die so mutig waren, mit „Guten Tag" oder „Grüß Gott" zu grüßen? Wer stand für die Gewissensfreiheit:

die das kommunistische Dogma nachbeteten, weil ihnen die Wahrheit egal war, oder die als gläubige Christen das ablehnten und dafür in den Arbeitslagern Sibiriens litten?

Christian H.: Ich lasse mich nicht in dieses Schema „Entweder – Oder" pressen. Ich möchte jedem gegenüber tolerant sein, denn eine absolute Wahrheit, die für alle gilt, kann niemand behaupten.

M. V.: Dann war Jesus im höchsten Maße intolerant, als er sagte: „Ich bin der Weg und die Wahrheit und das Leben; niemand kommt zum Vater, denn durch mich."

Christian H.: Man kann diesen Satz auch als Ausdruck von Freiheit und Toleranz verstehen. Jeder kann für seine Person so sprechen: Ich bin der Weg, ich bin die Wahrheit und ich bin das Leben – der Weg, den ich gewählt habe – die Wahrheit, die ich gefunden habe – das Leben, das ich lebe. Das ist das Glück, oder nennen Sie es „Gott".

M. V.: Ich finde Ihren Satz – Entschuldigung – gotteslästerlich.

Ambrosius: Die Märtyrer zeigen uns, dass es Kampf bedeutet, wenn wir Christ werden und Christ bleiben wollen. Wir leben in einer Welt, die sich von Gott abgewendet hat, die Gott leugnet, die den Glauben an ihn abschaffen möchte. Wenn wir zu ihm gehören wollen, begegnet man uns mit Verführung und mit Feindschaft. Dann gilt es zu kämpfen, zu kämpfen gegen die eigenen Begierden und gegen die Versuchungen von außen. Und jeder, der in diesem Kampf Christus treu bleibt, ist ein Märtyrer – ein Glaubenszeuge. Die Märtyrer, die unter den Kaisern starben, sind für uns ein Vorbild und machen uns Mut. Deshalb erinnern wir an sie und feiern ihren „Geburtstag" – den Tag, an dem sie in den Himmel gingen. Ja, ich wiederhole es, es gibt „Märtyrer" also auch jetzt, wo die Verfolgungen im römischen Reich aufgehört haben. Das sind Christen, die darum ringen und kämpfen, dass sie gläubig bleiben und dem Herrn nachfolgen.

M. V.: Herr Bischof, seit hundert Jahren wird die Kirche wieder verfolgt, und es heißt, dass noch nie so viele Christen Märtyrer geworden sind wie in den letzten Jahrzehnten. Um es etwas zu konkretisieren: Im Jahr 1915 n. Chr. starben über eine Million armenische Christen. Sie kennen die Armenier, sie wohnten an der Ostgrenze des römischen Reiches, an der Grenze zu den Persern. Sie wurden ermordet oder starben in der syrischen Wüste an Hunger und Durst. Sie mussten sterben, weil sie Christen waren.

Ambrosius: Die Armenier bildeten die erste christliche Volkskirche.

M. V.: Ja, und im Jahr 1917 n. Chr. begann die Diktatur der Kommunisten. Sie herrschten in Europa und Asien. Da starben Millionen Christen um ihres Glaubens willen. Daneben gab es in der Mitte Europas eine Diktatur, die das germanische Heidentum wiederbeleben wollte. Sie nannten sich Nationalsozialisten. Auch sie übten Gewalt und töteten, wenn einer nicht mitmachte. Und jetzt sind es Fanatiker einer nachchristlichen Religion, die schlimme Verfolgungen über Christen bringen. In vielen Provinzen, die früher von Christen bewohnt waren, gibt es keine Gemeinden mehr.

Ambrosius: Versuchen sie den alten Götzenkult wiederzubeleben?

M. V.: Nein, sie berufen sich auch auf Abraham, Mose und Jesus. Aber es ist eine antichristliche Religion: Sie bestreiten, dass Jesus Gottes Sohn und der Erlöser ist. Sie leugnen sogar, dass Jesus gekreuzigt wurde. Und sie berufen sich dabei auf ihren Propheten, der sechshundert Jahre nach Christus gelebt hat. Sein Name ist Mohammed. Zur Zeit erleben die Christen in den Ländern Schlimmes, wo die Anhänger Mohammeds die Macht haben. Christen werden nicht nur benachteiligt und unterdrückt. Man vertreibt sie aus ihrer Heimat; sie werden zu Tausenden ermordet. Die Zahl der um ihres Glaubens willen Getöteten ist jetzt viel größer als zur Zeit der römischen Kaiser.

Christian H.: Terror und Islam, das ist nicht das Gleiche. Die Terroristen sind Verbrecher. Sie verleugnen ihre Religion. Der Islam will eine Religion des Friedens sein wie das Christentum.

M. V.: Wissen Sie es wirklich nicht oder wollen Sie es nicht wissen? Nehmen Sie es doch bitte zur Kenntnis, dass Mohammed Religionsstifter und Kriegsherr in einer Person war. Krieg, Gewalt und Unterdrückung Andersdenkender gab es im Islam von Anfang an.

Christian H.: Krieg und Gewalt gab es auch in der Geschichte des Christentums. Ist da ein Unterschied?

M. V.: Die im Namen des Christentums Kriege führten, konnten sich nicht auf Jesus berufen. Das wissen Sie doch auch. Wer das Neue Testament studiert, muss darüber nicht mehr diskutieren.

Christian H.: Wirklich verinnerlicht hat das die Kirche aber erst in der Zeit der Aufklärung. So sollten wir uns darum bemühen, dass es im Islam auch eine Aufklärung gibt, und dass dann die Muslime der Gewalt im Namen der Religion abschwören und toleranter werden.

Ambrosius: Jesus hat zwar die Menschen aufgefordert, ihm nachzufolgen. Aber er hat keinen dazu gezwungen. Er hat niemanden Gewalt angetan, sondern ihm wurde Gewalt angetan. Er hat niemanden gefoltert, sondern er wurde gefoltert. Er hat niemanden getötet, sondern er wurde getötet. Christen, die sich anders verhielten, haben ihn verleugnet und verraten.

Christian H.: Natürlich ist das richtig. Und es wird dann ein friedliches Nebeneinander und Miteinander der Menschen und Religionen geben, wenn alle so eingestellt sind. Deshalb müssen wir jede Art von Fundamentalismus bekämpfen.

M. V.: Sind das die Fundamentalisten, die Jesus und seine Worte ernst nehmen und die dann bestimmte Meinungen ablehnen?

Christian H.: Niemand darf einen anderen Menschen wegen seiner Rasse, Religion und sexuellen Einstellung diffamieren und benachteiligen. Und natürlich sind Frauen und Männer gleichberechtigt.

M. V.: Hoffentlich gilt dieser Grundsatz auch für gläubige Christen. Ich habe den Eindruck, dass uns der Wind immer stärker ins Gesicht bläst. Man grenzt uns aus. Man diffamiert uns als intolerant und gefährlich. Ist es denkbar, dass der biblische Glaube wieder einmal verboten wird?

Ambrosius: Meine Gedanken kreisen immer noch um Deine Aussage, dass zu Eurer Zeit die Christen mehr verfolgt werden als zur Zeit der römischen Kaiser. Für mich ist das ein Zeichen der Hoffnung, ein Hinweis, dass der christliche Glaube lebendig ist.

M. V.: Die Christen unter uns empfinden da eher Unsicherheit und Angst.

Ambrosius: Du hast vergessen, dass Jesus gesagt hat: „Haben sie mich verfolgt, so werden sie euch auch verfolgen." Wenn Gläubige verfolgt werden, dann gehören sie zu Jesus, dann ist er bei ihnen.

M. V.: Das gilt dann wohl besonders für die Christen in Asien und Afrika. Sie erleben Verfolgung, und trotzdem wächst ihre Zahl. Aber wie wird es mit den Kirchen in Europa weitergehen?

Ambrosius: Der Glaube der Märtyrer in anderen Gegenden wird auch Euren Glauben stärken. Der Glaube dort wird bei Euch Bekennermut und Opfersinn wecken. Ich habe es der Gemeinde in Mailand so erklärt: Der Mond bekommt sein Licht von der Sonne und erhellt die Nacht. So empfingen die Märtyrer von Christus Glaube, Liebe und Hoffnung. Und damit erleuchten sie unsere Dunkelheit, wo Glaube, Liebe und Hoffnung schwach geworden oder schon erloschen sind. Christus erweckt die Gemeinde durch das Beispiel seiner treuen Zeugen.

Sexualität und Keuschheit

Christian H.: Etwas, Herr Bischof, möchte ich Ihnen schon lange sagen, weil das ein verhängnisvoller Irrweg war.

Ambrosius: Und was willst Du mir vorhalten?

Christian H.: Jahrhundertelang hat die Kirche den Sexualtrieb verteufelt und ist damit an den Menschen schuldig geworden. Durch Verbote wurde ihnen Angst eingejagt. Christen, die das immer wieder hörten und ernst nahmen, wurden entweder zu Heuchlern oder zu seelischen Krüppeln. Die Befreiung von Sexfeindlichkeit und Prüderie kam übrigens von Atheisten. Das müssen wir beschämt zugeben.

Ambrosius: Gott hat das Verlangen des Mannes nach der Frau und das Verlangen der Frau nach dem Mann in uns hineingelegt und er hat dafür die Ehe gestiftet. Wenn Mann und Frau in der Ehe *ein* Fleisch werden, ist das von Gott gewollt.

Christian H.: Aber Sie sind doch der Meinung, dass der Geschlechtstrieb nur dann toleriert werden kann, wenn dadurch Kinder gezeugt werden. Und Sie behaupten, dass es der bessere Weg ist, ehelos und keusch zu leben. Haben Sie nicht fromme Mädchen zur Jungfrauenweihe gedrängt? Deren Eltern waren dann oft unglücklich und verzweifelt.

Ambrosius: Gott hat Mann und Frau füreinander geschaffen. Bei ihrer Erschaffung spricht er: „Der Mensch wird Vater und Mutter verlassen und an seiner Frau hängen und die zwei werden *ein* Fleisch sein." Und das segnet Gott, und er verbindet seinen Segen mit dem Auftrag: „Seid fruchtbar und mehret euch und füllet die Erde und machet sie euch untertan." Die Gemeinschaft von Mann und Frau in einer Ehe ist der Auftrag des Schöpfers für alle Menschen. Aber Jesus zeigt dann auch, dass es noch einen anderen Weg gibt, dass nämlich ein Mann oder eine Frau für das Reich Gottes auf die Ehe verzichtet. So wie ein Christ Geld oder Zeit für Gott opfern kann, so ist es auch möglich, die Fähigkeit zu heiraten Gott als Opfer darzubringen. So etwas hat der heilige Paulus sicher auch gemeint, als er an die Gemeinde in Rom schrieb: „Ich ermahne euch nun, liebe Brüder durch die Barmherzigkeit Gottes, dass ihr eure Leiber gebt zum Opfer, das da lebendig, heilig und Gott wohlgefällig sei. Das sei euer vernünftiger Gottesdienst."

Christian H.: Der Geschlechtstrieb gehört zum Wesen eines Menschen. Das zu verneinen, empfinde ich als Selbstverstümmelung.

Ambrosius: Auch der Trieb zu besitzen und der Trieb anerkannt zu werden, gehören zu unserer Natur. Und doch ist es dem Glauben gemäß, wenn wir von unserem Besitz abgeben und wenn wir bereit sind zu dienen, statt zu herrschen.

M. V.: Herr Bischof, was war Ihr Anliegen, wenn Sie Mädchen ermunterten, als gottgeweihte Jungfrau zu leben?

Ambrosius: Wir Menschen sind für den Himmel bestimmt. Aber das vergessen wir immer wieder. Die irdischen Sorgen und Begierden treiben uns um: Wie kann ich Geld und Besitz vermehren? Wie kann ich mich vergnügen und meine Lust stillen? Wie kann ich andere beeindrucken und Ansehen gewinnen? Wie kann ich vorsorgen für Krankheit und Alter? Unsere Seele ist voll Unruhe. Sie flattert auf und nieder wie ein erschrockener Vogel, dessen Füße angebunden sind. Und unsere Augen sind dabei immer nur auf den Erdboden gerichtet. Doch dann läuft eine Frau im schwarzen Gewand an uns vorüber, das Haupt mit einem Schleier bedeckt – eine Braut Christi: Für ihn lebt sie, ihm dient sie, ihn liebt sie. Da ahnst du, Weltmensch: „Es gibt noch etwas Wichtigeres." Und vielleicht spürst du sein Anklopfen: „Christus ruft mich. Er möchte auch mich in seinem Himmel haben. Ich soll mein Leben ändern!"

M. V.: Herr Bischof, kann eine gottgeweihte Jungfrau vielleicht auch Eheleuten helfen, in Liebe und Treue zusammenzubleiben?

Ambrosius: Auch in einer Ehe sind zeitweise Enthaltsamkeit und Selbstbeherrschung geboten. Und es ist auch Eheleuten nicht möglich, das sexuelle Begehren hemmungslos auszuleben. Manchmal müssen sie verzichten können, um auf Gefühle und Befindlichkeiten des anderen Rücksicht zu nehmen. Wenn dann ein Partner aus der Ehe ausbricht und woanders Befriedigung sucht, dann kann das Streit, Hass und das Ende der Ehe bedeuten.

M. V.: Ist es richtig zu sagen, dass der Sexualtrieb, wenn er hemmungslos ausgelebt wird, Chaos und Zerstörung anrichtet?

Ambrosius: Familien zerbrechen, die Kinder aus geschiedenen Ehen leiden, und die Geschiedenen tragen die Last von Schuld, Schmerz und Einsamkeit in ihrem Herzen. Und sie suchen immer weiter nach Erfüllung und innerem Frieden. Aber das findest du nicht im Konsum von Dingen und Menschen.

Christian H.: Es gibt aber Untersuchungen, dass Scheidungskinder durchaus eine Chance haben, sich gut zu entwickeln.

Ambrosius: Alle Untersuchungen heben das Gebot Gottes nicht auf: „Du sollst nicht ehebrechen." Jesus hat nur in *einen* Fall die Möglichkeit für eine Scheidung gesehen, nämlich da, wo die Gemeinschaft durch Ehebruch zerstört wurde. Und vielleicht ist auch in einem solchen Fall Vergebung besser als die Trennung in Schmerz und Hass.

Christian H.: Aber es gibt auch Ehen, die krank machen, wo ein Partner darunter zerbricht – zerrüttete Ehen, die nicht zu heilen und zu kitten sind. Da muss man den seelsorgerlichen Rat geben: „Geht auseinander."

Ambrosius: Ja, das gibt es. Jesus nennt als Grund: „Um eures Herzens Härtigkeit willen ..." Er meint damit, dass einer sich weigert, eigene Schuld zu erkennen und sein Verhalten zu ändern, und er meint die fehlende Bereitschaft zu vergeben. Dann kann die Situation unerträglich werden, und die Eheleute gehen auseinander. Sie sollen aber dann nicht wieder heiraten.

Christian H.: Dürfen wir das wirklich fordern: Nach der Scheidung keine neue Ehe?

Ambrosius: Du fragst etwas, was mich schon manchmal ratlos gemacht hat. Der Apostel schreibt, dass eine Frau nicht mehr gebunden ist, wenn der Mann sie wegschickt, um eine jüngere Frau zu heiraten, oder weil er Anstoß nimmt an ihrem christlichen Glauben. Aber gilt das auch dann, wenn er sie kränkt oder schlägt oder immer wieder betrunken ist? Natürlich kann auch eine Frau die Ehe kaputt machen. Wer blickt da durch? Und wer kann dann ein gerechtes Urteil sprechen? Meine letzte Zuflucht war oft das Gespräch des Herrn mit der Ehebrecherin: „Wer ohne Schuld ist, der werfe den ersten Stein ... Ich verurteile dich auch nicht. Gehe hin und sündige hinfort nicht mehr."

M. V.: Wir haben bisher von Ihnen, Herr Bischof, gehört, dass Ehelosigkeit um des Glaubens willen in zweifacher Weise hilfreich sein kann: Menschen, die dieses Opfer bringen, erinnern uns an den Himmel, und sie zeigen uns, dass Enthaltsamkeit möglich ist.

Christian H.: Sexuelle Enthaltsamkeit führt zu seelischer Verkrampfung und schadet deshalb der Gesundheit.

Ambrosius: Ich habe in meinem langen Leben nicht feststellen können, dass Selbstbeherrschung und Enthaltsamkeit krank machen. Das Andere aber habe ich schon gesehen, dass sexuelle Haltlosigkeit ein Leben ruiniert.

M. V.: Was würden Sie einem Menschen sagen, der homosexuelle Empfindungen hat?

Ambrosius: Ich muss dazu nicht jedem etwas sagen, sondern nur dem, der mich fragt und als Christ darunter leidet. Nun zu Deiner Frage: Zu meiner Zeit war das ja nichts Seltenes. Vor allem bei reichen Patriziern wurde es in der Öffentlichkeit bekannt. Diese waren mit einer edlen Frau verheiratet; sie hatten daneben noch Sklavinnen, und sie hielten sich einen Lustknaben. Das war ein gut gewachsener Junge, oft aus einer armen Familie. Der ließ sich den Missbrauch gefallen, weil er von seinem reichen Liebhaber beschenkt und gefördert wurde. Es gab auch Männerfreundschaften – manche dieser Männer waren in ihrer Jugend Lustknaben gewesen. Ach, man kann Kinder auf vielerlei Weise in ihrer Entwicklung stören und verletzen.

M. V.: Was sagen Sie dazu?

Ambrosius: Das liest Du schon auf der ersten Seite der Bibel: „Gott schuf den Menschen nach seinem Bilde ... und er schuf sie als Mann und Frau." Gottes Ebenbild ist der Mensch als Mann und Frau. Sie sind füreinander geschaffen; sie ergänzen sich; in der Gemeinschaft miteinander können beide Glück und Frieden erfahren; denn sie geben sich das, was ihnen selbst fehlt. So jedenfalls ist es vom Schöpfer gewollt. Aber die Menschen haben sich von ihm abgewendet. Alles Mögliche erwählen sie zu ihrem Ersatzgott. Und wenn sich die Menschen vom Schöpfer abwenden, erkennen sie auch nicht, wie Gott die Schöpfung gewollt hat. So lehrte es der heilige Paulus im ersten Kapitel des Römerbriefes.

M. V.: Der einzelne Mensch kann doch nichts dafür, wenn er solche Empfindungen hat. Er hat vielleicht – wie Sie andeuten – in seiner Kindheit Verletzungen und Kränkungen erlebt; er hatte niemand, der ihn in seiner Entwicklung zum Mann bestärkt und gefördert hat. Vielleicht sucht er dann in der Liebe zu einem anderen Mann das, was sich bei ihm nicht richtig entfalten konnte. So wird es jedenfalls von manchen Gelehrten erklärt.

Ambrosius: Solche Untersuchungen kenne ich nicht. Aber ich vertraue den Worten der Heiligen Schrift. Sie sagen uns, dass Gott homosexuelle Praktiken nicht will, ja, dass sie ihm ein Gräuel sind.

Christian H.: In meinen Ohren klingt dieses Wort entsetzlich. Wegen solcher Vorurteile wurden Menschen mit homosexuellen Empfindungen diskriminiert und bestraft. Die Kirche hat da so wie die Nazis schwere Verbrechen an unschuldigen Menschen begangen. Homophobie ist deshalb jetzt verpönt.

Ambrosius: Ich habe das Wort schon zitiert, das Jesus zur Ehebrecherin, die gesteinigt werden sollte, sagte: „Ich verdamme dich auch nicht. Gehe hin und sündige hinfort nicht mehr."

Christian H.: Praktizierte Homosexualität ist keine Sünde. Gegen diesen Ausdruck protestiere ich.

Ambrosius: Jesus will nicht, dass ein Mensch bestraft wird, wenn er sich auf diesem Gebiet falsch verhalten hat. Er bietet uns die Vergebung an. Aber wir sollen auch Gottes Ordnungen anerkennen. Und die sind eindeutig: Mann und Frau sind füreinander geschaffen, und nicht der Mann für den Mann und die Frau für die Frau, sondern der Mann für die Frau und die Frau für den Mann. Nur aus der Verbindung von Mann und Frau entsteht dann auch neues Leben. In der ganzen Schöpfung ist dies das Ziel, wenn sich die beiden Geschlechter finden. Zwei Männer können miteinander kein Kind zeugen. Zwei Frauen auch nicht.

M. V.: Was sollen wir den Menschen sagen, die nicht so empfinden, wie es die Schöpfungsordnung vorgibt?

Ambrosius: Man muss da unterscheiden. Es gibt Menschen, die sagen: Was ich empfinde und mache, ist richtig. Manche behaupten sogar, gleichgeschlechtliche Liebe sei die höhere Gestalt des Eros. Die müssen wir nicht belehren; denn sie wissen eigentlich schon, was der Schöpfung gemäß ist. Und in ihrer innersten Seele empfinden sie das, was sie tun, als unbefriedigend. Wir müssen uns um die bemühen, die unglücklich sind und leiden. Der Herr kann ihnen helfen. Der Apostel schreibt in einem Brief: Einige von euch haben so gelebt. „Aber ihr seid abgewaschen, ihr seid geheiligt, ihr seid gerecht geworden durch den Namen des Herrn Jesus Christus und durch den Geist unseres Gottes." Veränderung ist möglich, wenn jemand das will und Hilfe sucht bei dem, der helfen kann.

M. V.: Wie würden Sie das beurteilen, wenn ein Bischof oder Priester zwei Männer oder zwei Frauen, die wie Eheleute zusammen leben wollen, segnet?

Ambrosius: Als Kirche können wir nur das segnen, worauf Gott seinen Segen gelegt hat. Der Segen für die Ehe von einem Mann und einer Frau ist schon im ersten Kapitel der Heiligen Schrift verheißen. Wenn wir aber das segnen wollen, was Gott nicht segnet, ist das eine Anmaßung.

M. V.: Kann man sagen, dass bei solchen Segenshandlungen auch das Gebot gebrochen wird, dass wir den Namen Gottes nicht missbrauchen sollen? Je nachdem, wie man zählt, ist es das zweite oder dritte Gebot. Da heißt es: „Du sollst den Namen des Herrn, deines Gottes, nicht unnütz gebrauchen; denn der Herr wird den nicht ungestraft lassen, der seinen Namen missbraucht."

Christian H.: Ich finde es richtig, dass sich die Kirche endlich zu denen bekennt, die bis jetzt diffamiert und ausgestoßen worden sind. Unsere Liebe und Zuwendung gilt auch denen, die anders sind als wir. So hat es Jesus vorgelebt.

Die Kirche als Braut Christi

M. V: Die Ehe zwischen Mann und Frau wird in der Heiligen Schrift zum Gleichnis für die Gemeinschaft von Christus und der Kirche. Sie, Herr Bischof, haben dieses Geheimnis in Ihren Predigten immer wieder zu deuten versucht.

Ambrosius: Schon im Alten Testament wird das Gegenüber von Gott und dem Volk Israel als eine Liebesbeziehung beschrieben. Er wirbt um sein Volk wie ein Bräutigam um seine Braut. Er verspricht Treue und Fürsorge. Und er erwartet, dass Israel ihm die Treue hält. Deshalb empfindet er es als Ehebruch, wenn sich das Gottesvolk anderen Göttern zuwendet. Das schmerzt ihn, und es macht ihn eifersüchtig. Aber auch dann ist die Liebe Gottes zu seinem Volk nicht zu Ende. Er lässt ihm durch seinen Propheten verkünden: „Ich will mich mit dir verloben für alle Ewigkeit."

M. V.: Im Neuen Testament wird dieses Bild auf Christus und die Kirche übertragen.

Ambrosius: Christus ist der Bräutigam, die Kirche seine Braut. Sie gehören zusammen, ja sie sind miteinander verbunden wie das Haupt mit dem Leib. Aber es ist eine geistige Gemeinschaft wie eine Verlobung. Die Hochzeit steht noch aus. Deshalb bittet die Braut voller Sehnsucht: „Komm doch bald!"

M. V.: Und die Ehe von Mann und Frau bildet das ab.

Christian H.: Ist das nicht eine Konstruktion, mit deren Hilfe viele Jahrhunderte lang die Frauen von den Männern unterdrückt wurden? Der Mann das Haupt, die Frau sein Leib ... Jetzt sind allerdings die Zeiten des Patriarchats endlich Vergangenheit.

Ambrosius: Dass Frauen von ihren Männern oft unterdrückt worden sind, ist wahr. Aber das Gleichnis „Christus – Kirche" oder „Haupt – Leib" für das Verhältnis von Mann und Frau war dafür nicht der Grund, sondern nach der Lehre der Heiligen Schrift wurde das Zusammensein von Mann und Frau durch den Sündenfall vergiftet. Für die gefallene Welt, die sich von Gott abgewendet hat, gilt, was Gott zu Eva sagt: „Ich will dir viel Mühsal schaffen, wenn du schwanger wirst. Unter Schmerzen sollst du Kinder gebären. Und dein Verlangen soll nach deinem Manne sein. Aber er soll dein Herr sein." Die Bibel ist nicht der Grund für die Unterdrückung der Frauen, sondern sie beschreibt, wie es auf der Erde zugeht, wenn der Mensch selber Gott und Herr sein will.

Christian H.: Aber wird damit nicht behauptet, dass der Mann über der Frau steht, und dass die Frau nicht die gleiche Würde hat wie der Mann? Das jedenfalls wird immer wieder dem Christentum vorgeworfen.

Ambrosius: Mann und Frau sind vor Gott gleich. Beide, Mann und Frau, vergegenwärtigen gemeinsam Gottes Bild in dieser Welt. Beide beteiligen sich an Gottes Schaffen, wenn durch ihr Einswerden ein neuer Mensch entsteht, und beide erhalten den Auftrag, als Gottes Statthalter über die Tiere zu herrschen.

M. V.: Aus meinem Hebräischunterricht erinnere ich mich, dass bei der Erschaffung der Mann als „Isch" bezeichnet wurde, die Frau als „Ischa", was Luther mit „Mann" und „Männin" übersetzte. Adam und Eva sind bei aller Unterschiedlichkeit aus dem gleichen Stoff: Aus Erde geformt und von Gottes Lebensodem erfüllt.

Christian H.: Warum heißt es immer „Mann und Frau"? Sagen Sie doch auch einmal „Frau und Mann" oder wie es jetzt in den Predigten heißt: „Liebe Schwestern und Brüder!"

Ambrosius: Das sage ich nicht. Denn Adam wurde zuerst geschaffen, und dann Eva. Ich halte mich an die von Gott gesetzte Reihenfolge. Das bedeutet nicht, dass die Frau, verglichen mit dem Mann, minderwertig ist. Jeder hat seinen Wert und seine Würde. Die Frau hat ihre Würde als Frau, und der Mann hat seine Würde als Mann. Die Frau gewinnt nicht an Würde, wenn sie ein Mann sein will und ihr Frausein ablegt. Wir sollen als Gläubige das annehmen, was uns Gott bestimmt hat, und in diesem Stand sollen wir Glaube, Liebe und Hoffnung leben.

Christian H.: Aber wird dieser Unterschied nicht durch Christus aufgehoben und beseitigt? Im Galaterbrief heißt es: „Hier ist nicht Jude noch Grieche, hier ist nicht Sklave noch Freier, hier ist nicht Mann noch Frau; denn in Christus Jesus seid ihr alle eins."

Ambrosius: Durch den Glauben und durch die Taufe werden wir Gottes Kinder. Wir haben Gemeinschaft mit ihm, ganz gleich, wer wir sind, von wem wir abstammen und zu welcher Kultur und Sprache wir gehören. Aber die Gnade hebt die Schöpfung nicht auf, und das bedeutet für unser Gespräch, der begnadete Mann bleibt Mann, und die begnadete Frau bleibt Frau, was man eigentlich gar nicht betonen muss; denn es ist ja vor aller Augen.

M. V.: Hat diese Feststellung auch eine Auswirkung für die Frage, ob es in der Kirche „Priesterinnen" oder „Pfarrerinnen" geben kann?

Ambrosius: Es hat bis zu meiner Zeit keine Priesterinnen in der Kirche gegeben, immerhin fast vierhundert Jahre.

M. V.: Es hat fast zweitausend Jahre keine Pfarrerinnen gegeben.

Christian H.: Das bedeutet aber nicht, dass das bis zum Ende der Welt so bleiben muss. Für mich ist das ein gutes Zeugnis vor der öffentlichen Meinung: Seht, bei uns Christen sind beide, Frauen und Männer, gleich geachtet, gleich würdig, gleich befähigt.

Ambrosius: Das hat die Kirche zu allen Zeiten betont. Als Glaubende sind wir alle von Gott begnadet, geliebt und angenommen. Wir sind als Mann und Frau vor Gott gleichwertig, aber nicht gleichartig.

M. V.: Ist das der Grund, weshalb der Herr Jesus zwölf Männer zu Aposteln erwählt hat?

Ambrosius: Ja! Und die Apostel haben wiederum gläubige Männer zu Bischöfen und Presbytern d. h. Priestern eingesetzt. Und so ist es durch die Jahrhunderte weitergegangen.

Christian H.: Aber die erste Glaubensbotin war eine Frau: Maria Magdalena. Sie erzählte, dass Jesus auferstanden ist.

Ambrosius: Gerade Maria Magdalena ist der Beweis, dass die Kirche von Anfang an keine Priesterinnen hatte. Magdalena war wirklich die erste Glaubenszeugin. Aber trotzdem gab ihr Jesus kein Apostelamt. Sie wurde nicht Bischöfin oder Priesterin in einer Gemeinde.

Christian H.: Damit werden die Frauen in der Kirche abgewertet. Sie sind demnach Christen zweiter Klasse.

Ambrosius: In der Gemeinde des Herrn soll eine andere Rangordnung gelten, auch wenn wir das immer wieder vergessen. Die Jünger hatten durchaus die „normale" Einstellung wie andere Menschen. Sie stritten, wer unter ihnen den höchsten Rang beanspruchen kann. Aber Jesus belehrte sie: „Wer unter euch groß sein will, der sei euer Diener." Nicht der Priester oder Bischof steht Gott am nächsten und in der Rangordnung ganz oben, sondern diejenigen, die den Mitmenschen dienen, zum Beispiel sich um Kinder oder Alte mühen, Armen und Kranken helfen, für andere beten oder ein Opfer bringen und so den christlichen

Glauben bezeugen. Solche Menschen, die in der Welt gering geachtet und übersehen werden, stehen für Jesus ganz oben.

M. V.: Wie Sie schon sagten, wurde das von Bischöfen und Priestern oft vergessen. Sie ließen sich mit „Hochwürden", „Eminenz" und „Heiliger Vater" anreden. Sie schmückten sich mit prächtigen Gewändern. Sie erschienen den Menschen nicht als Diener, sondern mehr als Fürsten, als etwas zwischen Gott und den Menschen.

Christian H.: Herr Bischof, Sie vermeiden krampfhaft den Satz: „Das Weib schweige in der Gemeinde." Ist er Ihnen peinlich? Aber es gab doch in der frühen Kirche Prophetinnen. Da wurde schon damals Ihre Behauptung durchkreuzt, dass nur Männer Bischöfe und Priester werden konnten.

Ambrosius: Prophetisch reden ist ein Charisma, eine Geistesgabe wie das Zungenreden, wie die Gabe, Kranke zu heilen oder Besessene zu befreien. Christen, die dieses Charisma hatten, wurden nicht von Menschen berufen und eingesetzt, sondern unmittelbar von Gottes Geist. Über diese Charismen schreibt der Apostel: „Den Geist dämpfet nicht ... Prüfet alles und das Gute behaltet." Prophetinnen oder Propheten gab es mal mehr und mal gar nicht. Man muss diesen charismatischen Dienst aber von den geordneten Diensten des Bischofs, des Presbyters und des Diakons unterscheiden. Diese werden mit Handauflegung und Gebet berufen, gesegnet und gesendet, zunächst von den Aposteln, dann von ihren Nachfolgern.

Christian H.: So sehen Sie es. Aber es ist doch vielmehr so, dass wir alle durch die Taufe zu Priestern und Bischöfen geweiht sind. Jede Christin und jeder Christ kann also lehren, predigen, taufen, Beichte und Abendmahl halten. Aber damit es kein Durcheinander gibt, beruft die Gemeinde geeignete Personen – Frauen und Männer – dass sie diesen Dienst übernehmen.

Ambrosius: Da irrst Du! Die Apostel wurden nicht von der Schar der Jünger und Jüngerinnen ausgewählt, sondern der Herr hat sie berufen und bevollmächtigt. So beschreiben es die Evangelien. Und die Apostel haben in den Gemeinden, die durch ihren Dienst entstanden, wiederum gläubige Männer mit Handauflegung und Gebet berufen und eingesetzt, sei es als Bischöfe, Presbyter oder Diakone. Das kannst Du in der Apostelgeschichte und in den Briefen der Apostel nachlesen.

M. V.: Was bedeutet dann die Verheißung, die Christus seinen Boten sagt: „Wer euch hört, der hört mich?"

Ambrosius: Die Apostel sind seine Botschafter. Für sie gilt der Grundsatz: „Der Gesandte ist wie der Sendende." Und das setzt sich fort bei denen, die von den Aposteln eingesetzt wurden. Wer den Auftrag des Herrn in Treue ausführt, das heißt, so predigt, wie er es gezeigt hat, wer die Sakramente so spendet, wie sie eingesetzt wurden, der vertritt den Herrn als sein Botschafter und in einem solchen Dienst begegnet uns Christus.

M. V.: Ist das der Grund, warum bisher immer nur Männer in diese Ämter berufen wurden?

Ambrosius: Ja, so ist es! Der Apostel nennt es „Mysterium": ein Geheimnis, in dem eine tiefe Wahrheit Gottes offenbar wird. Die Ehe von Mann und Frau ist Symbol und Gleichnis für die Gemeinschaft von Christus und der Kirche. Mann und Frau repräsentieren je eine Seite dieses Mysteriums. Der Mann steht für Christus, die Frau steht für die Kirche. Wenn sich eine Gemeinde im Gotteshaus versammelt, dann steht der Pfarrer im Auftrag des Herrn der Gemeinde gegenüber, sobald er das Evangelium verkündet oder den Menschen die Absolution zuspricht: „Dir sind deine Sünden vergeben" oder die Abendmahlsworte zitiert: „Das ist mein Leib." Das kann sich die Gemeinde nicht selber sagen. Das sagt uns Christus durch seine berufenen Diener. Christus und Kirche, beide gehören zusammen und sind doch zu unterscheiden, so wie Mann und Frau in der Ehe unterschiedlich und doch eins sind.

M. V.: Sie haben in Ihren Schriften immer wieder betont, dass Maria ein Bild für die Kirche ist.

Ambrosius: Sie zeigte uns, was Glaube ist, als sie dem Engel antwortete: „Siehe, ich bin des Herren Magd, mir geschehe, wie Du gesagt hast." Sie vertraute und gehorchte. Durch sie kam Gott in die Welt. Sie nahm die Worte auf, die ihr über Christus gesagt wurden, sie „bewegte sie in ihrem Herzen" und geriet doch in Zweifel, als er in Galiläa zu predigen begann. Sie harrte unter dem Kreuz aus und erlitt das, was ihr Simeon geweissagt hatte, dass „ein Schwert durch ihre Seele dringen" würde. Sie war auch bei der Versammlung, als der Heilige Geist über die Jünger kam. Ja, an Maria wird sichtbar, wie Kirche sein soll. Und jede gläubige Christin trägt etwas von Maria an sich und repräsentiert mit ihrem Vertrauen und Dienen die Kirche.

M. V.: Was bei uns Evangelischen oft nicht mehr gelehrt wird: Auch unsere Bekenntnisse betonen, dass die ordinierten Diener der Kirche „vice et loco Christi" stehen, wenn sie das Evangelium verkünden und die Sakramente austeilen. Die lateinischen Worte „vice et loco" bedeuten „in Stellvertretung und an Stelle von". Der Pfarrer vertritt also nicht die Gemeinde, wie Sie, Christian, gesagt haben, er vertritt Christus.

Christian H.: Wir haben, „Gott sei Dank" nach schlimmen Erfahrungen jetzt die Regierungsform der Demokratie bekommen. Das Volk lässt sich nicht mehr von irgendwelchen Fürsten Vorschriften machen, und diese können auch nicht mehr das Volk ausbeuten oder Kriege anzetteln, wie es in früheren Zeiten oft geschah. Wir als Volk regieren uns. Und das gilt nun auch für die Kirche. Die Gemeinde bestimmt über sich, nicht irgendeine Hierarchie.

Ambrosius: Über der Kirche steht Christus, und niemand sonst! Was er sagt, das gilt. Ich habe gekämpft, als sich die Kaiser die Kirche unterwerfen wollten. Und Ihr müsst widerstehen, wenn die Volksmeinung die Kirche nach ihrem Geschmack verändern will.

Juden und Christen

Christian H.: Herr Bischof, Ihr Verhalten zu den Juden und Ihre antijüdische Polemik empfand ich als unerträglich.

Ambrosius: Woran denkst Du?

Christian H.: Als Christen die Synagoge in Kallinikum niedergebrannt hatten, befahl der Kaiser dem dortigen Bischof, den Schaden wieder gut zu machen und die Synagoge neu zu bauen. Sie erhoben Einspruch. Und weil Sie den Kaiser auf seinen christlichen Glauben und seine Seligkeit festnagelten, gab er nach. Die Christen brauchten für den Schaden nicht aufzukommen. Ein Skandal! Unsere heutigen Gerichte würden Sie dafür bestrafen.

Ambrosius: Gott hat seinen Sohn zuerst zu den Juden geschickt. Sie hatten ja die Weissagungen auf ihn in ihrer Bibel. Sie erwarteten den Messias. Und Jesus wirkte unter ihnen Zeichen und Wunder; er brachte ihnen Gottes Wort und Gottes Gegenwart. Aber sie verstockten ihr Herz. Sie antworteten auf seine Wahrheit mit Lüge, auf seine Liebe mit Hass. Sie machten aus Gott einen Gotteslästerer, einen Verfluchten, als sie dafür sorgten, dass er am Kreuz starb. Aber er vergab ihnen, er betete noch am Kreuz für sie:„Vater, vergib ihnen, denn sie wissen nicht, was sie tun." Als sich nach seiner Auferstehung eine christliche Gemeinde sammelte und diese immer mehr Gläubige gewann, da wurde sie von den Juden verfolgt. Und die Juden hetzten auch die Statthalter in den Provinzen und den Kaiser in Rom gegen die Christen auf, weil sie sagten, die Christen seien keine jüdische Sekte, sie seien also keine erlaubte Religion, vielmehr würden sie einen Verbrecher anbeten, den der Statthalter

Pontius Pilatus hatte kreuzigen lassen. Ach, bis heute leugnen und lästern sie Jesus. Und dann soll ein Bischof eine Synagoge bauen für so etwas?

M. V.: Herr Bischof, muss nicht für alle Menschen gleiches Recht gelten, ob sie nun Christen sind oder nicht?

Ambrosius: Dann frage ich Euch: Muss man der Lüge das gleiche Recht einräumen wie der Wahrheit und der Gotteslästerung das gleiche Recht wie der Gottesverehrung?

M. V.: Herr Bischof, der Herr Jesus hat keinem Menschen, der ihn ablehnte, Gewalt angetan.

Christian H.: Man sieht, wohin sich ein fanatischer Glaube verirren kann. Auch von Martin Luther gibt es Äußerungen, die uns erschaudern lassen: Man soll die Juden vertreiben und ihre Bethäuser zerstören. Die Nazis haben das in die Tat umgesetzt: Die Synagogen brannten, die Juden wurden enteignet und vertrieben, und etwa sechs Millionen wurden auf schreckliche Weise ermordet. Wir Nachgeborenen sind deshalb hellwach, wenn der Antisemitismus bei uns seine hässliche Fratze zeigt.

M. V.: Ich stimme Ihnen zu, Herr Christian. Nur – wir dürfen weder dem Bischof Ambrosius, noch Martin Luther unterstellen, dass sie Antisemiten waren. Der Antisemitismus behauptet, die Juden seien eine minderwertige Rasse, „Untermenschen", „Ungeziefer". Alles Hässliche wurde ihnen angedichtet. Man unkte, durch sie würden die Völker Europas verdorben und moralisch zersetzt, und man faselte von einer jüdischen Weltverschwörung: Die Juden würden die Weltherrschaft anstreben und die anderen Völker unterjochen. Luther war kein Antisemit mit solchen Vorurteilen. Als er mit seinen Freunden das Alte Testament ins Deutsche übersetzte, fragte er auch jüdische Gelehrte um Rat. Und er hoffte, dass sich jetzt, wo das Evangelium neu entdeckt worden war, auch die Juden für den Glauben an Jesus Christus interessieren würden. Als das nicht geschah, war er enttäuscht und ließ sich zu Äußerungen hinreißen, für die wir uns heute schämen. Diese Schriften entstanden übrigens in seinen letzten Lebensjahren, als er überhaupt verbittert und frustriert war wegen mancherlei Verletzungen und Misserfolgen.

Christian H.: Die Juden haben ihren Glauben, und dabei sollen sie bleiben. Frühere Versuche, Juden zu bekehren, waren fatal, weil oft Gewalt angewendet oder zumindest angedroht wurde. Deshalb ist es richtig, wenn die evangelische Kirche jetzt jede Art von Judenmission ablehnt.

M. V.: Ja und nein! Richtig ist, dass zumindest wir Deutschen nicht die Vollmacht haben, den Juden die Liebe Gottes in Jesus Christus zu verkünden – nach all den Verbrechen, die in unserem Namen den Juden angetan wurden. Das liegt wie ein Fluch auf unserem Volk, und es wird bis zum Jüngsten Tag nicht vergessen werden.

Ambrosius: Herr Christian, wie ist das zu verstehen, dass Ihre evangelische Kirche den Juden das Evangelium vorenthalten will?

Christian H.: Unsere Synoden haben festgestellt, dass Gott mit den Juden einen Bund geschlossen hat. Dieser Bund ist nicht aufgehoben; er gilt immer noch. Warum sollen dann die Juden ihre Religion verlassen und etwas Neues anfangen?

Ambrosius: Christus wurde zuerst zu den Juden gesandt. Und er sagt, er sei für die verlorenen Schafe aus dem Haus Israel gekommen.

Christian H.: Er hat an die Zöllner und Sünder gedacht, an die Kranken und Ausgestoßenen. Aber er tastete das Judentum mit dem Tempel, mit der Priesterschaft und dem Gesetz nicht an. Er war Jude und blieb Jude.

M. V.: Natürlich gehört Jesus zum Volk Israel. Doch er ist der Messias, den Israels Propheten geweissagt haben. Und er nennt sich „Menschensohn". Das ist der geheime Name für den, der kommen wird, um über die Völker Gericht zu halten.

Christian H.: Diese Hoheitstitel wurden ihm später von den Kirchenfunktionären verliehen. Eigentlich war er nur ein „Rabbi", ein Wanderprediger, wie es damals viele gab.

M. V.: Wenn er bloß ein einfacher Wanderprediger war wie viele Andere: Warum setzte der Hohe Rat alles daran, ihn auszuschalten? Und warum zogen dann seine Jünger als Missionare in andere Länder und bezeugten das Evangelium mit dem Opfer ihres Lebens?

Christian H.: Das haben Sie schon einmal gefragt.

Ambrosius: Auch die einfachen Menschen spürten das Außergewöhnliche an Jesus Christus. Es heißt im Evangelium: Die Zuhörer waren entsetzt über seine Worte, sie waren außer sich. Denn er predigte mit Vollmacht und nicht wie die Schriftgelehrten.

M. V.: Und Jesus trat mit einem Anspruch auf, wo eigentlich nur zwei Reaktionen möglich sind: Nachfolge oder Feindschaft. Beides hat Jesus bewirkt.

Ambrosius: Ich kann noch immer nicht begreifen, dass Ihr zu Eurer Zeit den Juden das Evangelium vorenthalten wollt. Er ist doch der Erlöser, das Lamm Gottes, das die Sünden der Welt wegnimmt. Und er ist für alle gekommen, für die Juden und für die Heiden.

M. V.: Herr Christian, lesen Sie doch einmal die ersten drei Kapitel des Römerbriefes. Da entfaltet Paulus die Lehre, dass die Heiden vor dem heiligen Gott nicht bestehen können, aber die Juden auch nicht. Ganz stark betont er das: Durch die Werke des Gesetzes wird niemand vor Gott gerecht. Die Gerechtigkeit, die vor Gott gilt, wird uns mit dem Glauben an Jesus Christus geschenkt. Also müssen wir den Juden wie den Heiden das Evangelium von Jesus, dem Christus, verkünden.

Christian H.: Ich gebe zu: Das war sicher zur Zeit des Paulus die Auffassung der Christen. Wir heute Lebenden sehen das etwas anders. Wir haben nicht den Eifer, anderen Menschen unsere Meinung aufzudrängen. Wenn einer seine Überzeugung hat, dann ist das gut so. Da muss ein Jude nicht Christ werden, damit alles okay ist. Auch einen Moslem lasse ich in Ruhe und alle anderen Religionsanhänger auch. Das Entscheidende ist doch, dass alle in Frieden auf dieser Erde zusammenleben.

M. V.: Dann können Sie eigentlich das ganze Neue Testament in den Papierkorb werfen; denn es ist ein Missionsbuch: Es will Menschen von Jesus Christus überzeugen und für ihn gewinnen.

Christian H.: Für mich ist die Geschichte vom barmherzigen Samariter wichtig und das Gebot, Hungernde zu speisen, Kranke zu pflegen und so fort … Mission, wie sie früher betrieben wurde, ist für mich überholt.

Ambrosius: Eine Kirche, die nicht mehr missionieren will, die aufhört, Menschen für Christus zu gewinnen, ist eine sterbende Kirche.

M. V.: Das sind wir jetzt schon, eine sterbende Kirche. Allerdings, wo sich Menschen verweigern, findet Gott einen neuen Weg. Mir fallen jetzt die „messianischen Juden" ein. Die evangelische Kirche lehnte die Verkündigung der Christusbotschaft an die Juden ab. Nun beruft der Herr Juden, die sich zu „Jesus von Nazareth, dem König der Juden" bekehren. Und die predigen jetzt ihrem Volk das Evangelium. Für mich ein Zeichen, dass unser Unglaube den Fortgang des Reiches Gottes nicht aufhalten kann. Vor uns steht aber die Frage: „Mit uns?" oder „Ohne uns?"

Das Weltgericht

M. V.: Herr Christian, hat es für unseren Glauben eine Bedeutung, dass es das Volk Israel immer noch gibt, und dass die Juden nach fast zweitausend Jahren in das „Gelobte Land", in das Land, das Gott ihnen versprochen hatte, zurückgekehrt sind?

Christian H.: Nach meiner Überzeugung ist es für den christlichen Glauben nicht wichtig, ob die Juden hier oder dort wohnen. Erstaunlich ist allerdings, dass eine Idee, die vor über hundert Jahren entstand, dann doch noch Wirklichkeit wurde. Mich stößt allerdings die Rücksichtslosigkeit ab, mit der die Juden diese Idee auf Kosten der Palästinenser durchgesetzt haben und immer noch durchsetzen.

M. V.: Sie haben vorhin gesagt, die Evangelische Kirche und auch Sie selbst nehmen an, dass der Bund Gottes mit Israel immer noch gilt. Eine wesentliche Verheißung dieses Bundes ist „das Land, in dem Milch und Honig fließt". Wenn die Juden dieses Land wieder in Besitz genommen haben, dann ist das doch ein Zeichen, wie Gott in der Geschichte wirkt und wie sein Wort Schritt für Schritt in Erfüllung geht. Er hat Israel erwählt, und er hält immer noch an dieser Erwählung fest.

Ambrosius: Ich stimme Euch nicht zu, wenn Ihr sagt, der Bund Gottes mit Israel sei immer noch in Geltung. Denn dieser Bund war schon zu Ende, als zur Zeit Hesekiels die Herrlichkeit, der Lichtglanz des Herrn, den Tempel verließ und als danach die Babylonier den Jerusalemer Tempel zerstörten. Es hörte ja damals auch das Königtum der Nachkommen Davids auf. Der Prophet Jeremia verkündete deshalb, dass der Bund, den Gott durch Mose am Berg Sinai geschlossen hatte, beendet ist. Es würde ein neuer Bund gestiftet werden. Das geschah, als Christus für uns am Kreuz starb. Er gilt nicht mehr nur den Juden, sondern allen, die an Jesus Christus glauben. Aber der Sinaibund existiert nicht mehr. Israel hat Jesus ermordet.

M. V.: Herr Bischof, gewiss gilt der neue Bund jetzt allen, die an Jesus Christus glauben. Aber das Geheimnis bleibt, das Israel aus allen Völkern heraushebt. Nach der zweiten Zerstörung des Tempels durch den Kaiser Titus lebten die Juden zerstreut unter den anderen Nationen.

Ambrosius: Auch in Mailand gab es eine jüdische Gemeinde. Zur Zeit des Kaisers Julian Apostata hatten sie gehofft, in das heilige Land zurückzukehren. Denn der Kaiser, der uns Christen hasste und eine neue Christenverfolgung plante, begann mit dem Wiederaufbau des Jerusalemer Tempels. Gott bereitete dem Vorhaben ein Ende. Es kam ein Erdbeben, und man stellte die Arbeiten sofort ein. Bald darauf starb der Kaiser in Persien. Das war ungefähr zehn Jahre vor meiner Berufung nach Mailand.

Christian H.: Heute befinden sich auf dem Tempelberg zwei islamische Heiligtümer. Die Muslime würden niemals dulden, dass die Juden dort etwas bauen.

Ambrosius: Der Apostel, der den Brief an die Hebräer schrieb, sagt uns, dass die Opfer im Jerusalemer Tempel nicht mehr nötig sind, denn Christus ist der ewige Hohepriester, und sein Opfer erwirkt für alle Zeit und für alle Menschen die Versöhnung.

M. V.: Das glaube ich auch, dass Christus und sein Opfer das schenkt, was die Juden mit ihrem Gottesdienst und den Opfern andeuteten und ersehnten. Christus brachte die Erfüllung und das Ende des Opferkultes; denn in ihm hat sich Gott selber für uns Menschen geopfert. Etwas Größeres gibt es nicht!

Ambrosius: Ich kann es nicht begreifen, dass die Juden so blind und verstockt sind. Ihr Tempel steht nicht mehr, die vorgeschriebenen Opfer sind nicht mehr möglich. Trotzdem erkennen sie die Erlösung nicht, die Gott ihnen in Jesus Christus anbietet. Sie studieren die Heilige Schrift. Aber es liegt ein Tuch über dem Text. Dabei spricht doch Christus durch die Worte des Alten Testamentes zu uns!

M. V.: Ich möchte noch einmal den Gedanken aufgreifen, dass ich in der Geschichte der Juden das Wirken Gottes erkenne. Fast zweitausend Jahre lebten sie zerstreut unter den Völkern. Sie wurden gehasst, verfolgt, ja man versuchte sie zu vernichten. Aber sie gaben ihre Eigenart und ihre Identität nicht auf. Und nach dieser langen Zeit, in der andere Völker kamen und vergingen, kehren sie heim in das Land, das Gott ihnen verheißen hatte. Für mich ist Israel ein Zeichen, das auf ihn hinweist, so wie unsere Kirchtürme, die zum Himmel zeigen.

Christian H.: Ihre Vorschriften, angefangen bei der Beschneidung der Knaben bis hin zum Verbot, Schweinefleisch zu essen, bewahrten sie vor der Assimilation.

M. V.: Ich denke an das Wort des Herrn in seiner Rede von der letzten Zeit: „Dieses Geschlecht wird nicht vergehen, bis dass dieses alles geschehe."

Christian H.: Na, hören Sie doch damit auf! Der Satz passt gar nicht hierher. Die Urgemeinde erwartete das baldige Weltende. Ihr Zitat spricht das aus: „Diese Generation wird nicht sterben, bis das Weltende kommt." Aber das geschah nicht. Deshalb ist dieser Satz für uns erledigt.

M. V.: Das griechische Wort „geneá", das hier steht und das Luther mit „Geschlecht" übersetzt, kann zwar auch „Generation" heißen. Aber viel öfter hat es die Bedeutung von „Sippe", „Rasse", „Nation". Es wird eine Gruppe von Menschen bezeichnet, die von einem Ahnherrn abstammt. Das „Geschlecht", das bis zur Wiederkunft des Herrn bestehen bleibt, sind die Nachkommen Abrahams. Die Juden sind das Zeichen Gottes für die Völker, dass er ihre Geschichte bestimmt und dass diese Geschichte auf ein Ziel zuläuft, nämlich auf das Reich Gottes und auf das Endgericht, wenn Jesus, der Messias, ein zweites Mal in die Welt kommt.

Christian H.: In meinen Ohren klingt Ihre Behauptung irreal – ein Hirngespinst! Die Urgemeinde fieberte der Wiederkunft und dem Weltende entgegen. Auch Paulus erwartete den Jüngsten Tag zu seinen Lebzeiten. Aber nehmen Sie zur Kenntnis: Jesus ist nicht wiedergekommen, und er wird nicht wiederkommen! Die ganze damalige Apokalyptik entsprang dem Wunschdenken und der Phantasie armer, unterdrückter Menschen. Aus einem ähnlichen Grund kam in der chaotischen, kaiserlosen Zeit des Mittelalters die Sage vom Kaiser Barbarossa auf, der im Kyffhäuser schläft und wiederkommt, um das deutsche Reich zu erneuern.

Ambrosius: Ich erwartete den Weltuntergang mit dem Ende des Imperium Romanum. Zu meinen Lebzeiten waren überall die Anzeichen von Niedergang und Verfall zu sehen. Die Barbaren durchbrachen die Grenzen, und wo sie auftauchten, verbreiteten sie Angst und Schrecken. Kinder wurden getötet, Frauen und Mädchen vergewaltigt, Städte geplündert und zerstört. Und unsere Legionen konnten die Eindringlinge nicht aufhalten.

M. V.: Es gibt wohl immer wieder „apokalyptische Zeiten", wo die Menschen denken, das Weltende ist nahe. Und dann kommen Zeiten, wo solche Erwartungen in den Hintergrund treten, wo man sie vielleicht sogar völlig beiseite schiebt, weil die Menschen in Wohlstand und Ruhe leben können. Aber wir haben die Zukunft nicht im Griff. Es passieren immer wieder unvorhergesehene Dinge. Wir nennen es „Glück" oder „Unglück" oder „Schicksal". Für mich ist es ein Hinweis, dass Gott und Zukunft etwas miteinander zu tun haben: Er kommt auf uns zu mit Ereignissen, die wir nicht vorausgesehen haben und die wir auch nicht bewältigen – wie ein Tsunami.

Christian H.: Natürlich passiert immer wieder einmal etwas, das wir nicht erwartet haben. Das wird niemand bestreiten. Aber das ist für mich kein Hinweis, dass Jesus wiederkommt und die Menschen richtet, sozusagen „Himmel und Hölle" austeilt.

M. V.: Jeder von uns hat ein Empfinden von Recht und Unrecht. Wir möchten, dass sich das Recht durchsetzt, vor allem wenn wir Unrecht erleiden. Und wenn wir anderen Menschen Unrecht zufügen, sagt uns unser Gewissen, dass es nicht in Ordnung ist. Dieses Wissen haben wir nicht als Hirngespinst und Einbildung. Es beruht auf der inneren Gewissheit, dass Recht geschehen soll und Unrecht bestraft werden muss. Nur so kann die Menschheit existieren; anders zerstört sie sich selbst. Es gibt übrigens kein Volk und keine Religion ohne diese Ahnung oder Gewissheit. Wenn Sie das Letzte Gericht als Hirngespinst abtun, ebnen Sie den Weg für den brutalen Egoisten, der über Leichen geht und nur den eigenen Vorteil sucht. Wollen Sie der Gesetzlosigkeit den Weg bereiten? Ich rechne damit, dass ich mich einmal für mein Tun und Lassen verantworten muss und versuche, dementsprechend zu leben, und weiß auch, dass ich nur dann bestehen kann, wenn er mir vergibt.

Christian H.: Dass wir Fehler machen und auch Unrecht tun, wird sich jeder eingestehen. Das haben die Herrschenden genutzt, um den Menschen mit einem letzten Gericht zu drohen. Der Gedanke diente dazu, um den Pöbel zu einem moralischen Verhalten zu bewegen. Und umgekehrt war es für die Unterdrückten und Geschundenen ein Trost, dass die Mächtigen ihre Strafe bekommen würden. Aber wir glauben nicht mehr an eine Auferstehung und an ein ewiges Leben. Deshalb kann es auch kein „Jüngstes Gericht" geben.

Ambrosius: Da entscheidet sich Glaube oder Unglaube. In der Heiligen Schrift steht der Satz: „Wir müssen alle offenbar werden vor dem Richterstuhl Christi, damit ein jeder seinen Lohn empfange für das, was er in seinem Leben getan hat, es sei gut oder böse." Wenn Du wirklich an Gott glaubst, dann weißt Du auch, dass es ihm nicht gleichgültig ist, was ein Mensch tut; andernfalls ist dein Gott bloß eine tote Idee.

Reiche und Sklaven

M. V.: Herr Bischof, wenn ich über Ihre Biographie nachdenke, beeindruckt mich immer neu, dass Sie mit Ihren Geschwistern den Entschluss gefasst haben, das ganze väterliche Erbe der Kirche in Mailand zu schenken.

Ambrosius: Wir haben danach nicht gehungert und nicht gefroren. Wir hatten ein Dach über dem Kopf. Braucht ein Mensch viel mehr?

M. V.: Wofür wurde die Stiftung verwendet?

Ambrosius: Vor allem für Menschen, die in Not geraten waren. Hohe Steuern bedrückten besonders die kleinen Leute. Die Bauern, die Land gepachtet hatten, stöhnten unter der Last der Abgaben an die Großgrundbesitzer. Wenn dann die Pächter ihre Schulden nicht mehr abzahlen konnten, musste ein Sohn, eine Tochter oder die ganze Familie in die Sklaverei verkauft werden. Auch Männer, Frauen und Kinder, die im Krieg in Gefangenschaft gerieten, wurden Sklaven. Wir haben verschuldeten Familien geholfen und Gefangene freigekauft.

Christian H.: Es beschämt mich immer wieder, dass die Kirche die Sklaverei einfach hingenommen hat. Der Apostel Paulus schreibt in seinen Briefen: Wenn ein Sklave Christ geworden ist, soll er seinem Herrn noch treuer und gewissenhafter dienen. Und Sie, Herr Bischof, haben das auch als gottgegeben akzeptiert. Sie lehrten, es würde immer ein „Oben" und „Unten" geben, weil die Begabungen unterschiedlich sind. Waren alle Sklaven töricht oder minderbegabt, und waren alle Sklavenbesitzer klug? Warum haben Sie als angesehener Bischof nicht an den Kaiser appelliert, die menschenunwürdige Sklaverei zu beenden?

M. V.: Politische Forderungen werden von unseren heutigen Kirchenführern häufig publiziert. Es werden immer neue Papiere dazu gedruckt. Da sie meist das wiederholen, was auch in Parteiprogrammen und Zeitungen zu lesen ist, nimmt man sie kaum noch zur Kenntnis. Ich denke, es ist viel wichtiger, wenn ein Christ an seinem Ort Not lindert und Liebe übt. Jesus hat uns nicht aufgefordert, Programme zur Weltverbesserung zu verkünden, sondern zu helfen, wenn ein Mensch in unserer Nähe leidet. Und das hat die Kirche in Mailand damals getan.

Ambrosius: Die Lebenssituation der Sklaven war ganz unterschiedlich. Sklaven, die in den Häusern der Reichen arbeiteten, gehörten zur Familie, sie litten keine Not. Die Sklaven, die in der kaiserlichen Verwaltung tätig waren, hatten großen Einfluss und hohes Ansehen. Den Landsklaven, die sich auf den Gütern der Großgrundbesitzer abrackern mussten, ging es dagegen nicht gut. Schlimm war das Los der Sklaven, die in den Bergwerken ausgebeutet wurden; sie lebten nicht lange. Und die Sklaven, die zu Gladiatoren bestimmt waren, mussten sich zum Vergnügen des Pöbels im Zirkus gegenseitig umbringen.

M. V.: Es gab aber zu Ihrer Zeit noch weitere Menschen, denen es schlecht ging.

Ambrosius: Tagelöhner, kleine Handwerker und Händler litten oft mehr unter Hunger und Kälte als die Sklaven, die unter dem Dach ihres Herrn lebten und zu essen bekamen. Um es mit einem Vergleich, der anstößig klingt, zu verdeutlichen: Ein Bauer wird die Kuh, die ihm gehört, gut behandeln. Sie ist ja sein Eigentum. Und ähnlich verhält sich im Normalfall auch ein Sklavenbesitzer.

Christian H.: Aber er konnte seine Sklavin auch vergewaltigen und seinen Sklaven schlagen und töten. Sklaven waren rechtlich gesehen eine Sache, ein Besitz wie ein Schrank oder ein Hund.

Ambrosius: Deswegen haben wir die Sklavenbesitzer, die gläubig waren, daran erinnert, dass auch sie einen Herrn über sich haben, der von ihnen Rechenschaft fordert. Sicher gibt es Verhältnisse und Strukturen, die mehr oder die weniger gerecht sind. Aber wie Du weißt, ging es dem Herrn nicht um eine Änderung der staatlichen Ordnung, sondern um eine Veränderung der Herzen. Wenn jemand von Habgier beherrscht wird, übervorteilt er seine Mitmenschen, ob er nun in einer Monarchie oder in einer Republik lebt. Wenn er aber vom Herrn bekehrt wurde, dann sieht er im Sklaven seinen Bruder. Ja, er wird sich erinnern, dass ihm in einem armen Menschen Jesus selbst begegnet: „Ich bin hungrig gewesen, und ihr habt mir zu essen gegeben ..." Du weißt, welche Werke der Barmherzigkeit der Herr noch aufzählt. Jesus sieht auf den einzelnen Menschen, der hilft oder Hilfe verweigert. Die Welt liegt im Argen, und es wird uns nicht gelingen, sie in ein Paradies zu verwandeln. Aber wir können da und dort Not lindern und Trost bringen.

M. V.: Gerühmt wurden Sie, Herr Bischof, als Sie nach einem Überfall der Barbaren gefangene Männer, Frauen und Kinder loskauften.

Ambrosius: Als sie weggeführt werden sollten, boten wir die silbernen und goldenen Geräte aus den Kirchen als Lösegeld an.

M. V.: Manche Fromme kritisierten das ...

Ambrosius: Der Segen, der uns durch die Sakramente geschenkt wird, ist nicht abhängig vom Gold der Gefäße.

M. V.: In großer Not befanden sich auch die Flüchtlinge, die durch die Überfälle der Germanen vertrieben worden waren und in Mailand Schutz suchten.

Ambrosius: Sie besaßen oft nur noch die Kleider, die sie am Leibe trugen. Mütter kamen mit ihren Kindern – der Ehemann erschlagen oder verschleppt. Kinder kamen ohne Eltern, Alte ohne Söhne oder Töchter, die ihnen helfen konnten. Die Not schrie zum Himmel. Und die Mailänder Bürger fürchteten, die Stadt würde überfordert. Unsere Priester und Diakone, die

Helferinnen und Witwen suchten die Flüchtlinge auf und brachten Geld und Sachspenden. Die Waisenkinder versuchten wir, in Familien unterzubringen. Die christliche Gemeinde konnte helfen. Gott sei Dank!

M. V.: Sind Sie zufrieden mit dem, was Sie erreicht haben?

Ambrosius: Nein! Bestimmt nicht! Das Wort des Herrn, dass ein Kamel eher durch ein Nadelöhr geht, als dass ein Reicher in den Himmel kommt, war mir immer wie ein Stachel im Fleisch. Wie ist dieser Satz zu verstehen? Führt aller Besitz in die Verdammnis? Aber er ermöglicht doch auch, dass Menschen ein selbständiges Leben führen, er ermöglicht Freiheit. Und ist Besitz nicht die Voraussetzung, um anderen helfen zu können? Jesus hatte doch auch Jünger und Jüngerinnen, die Haus und Besitz ihr Eigen nannten, Lazarus und seine Schwestern zum Beispiel oder Maria Magdalena. Habgier und Geiz sind schlimm. Der Apostel bezeichnet sie als eine Wurzel allen Übels. Welche Verbrechen verursachte Ahabs Verlangen nach dem Weinberg Naboths! Ich habe oft darüber gepredigt; denn ich sah, wie diejenigen, die eigentlich genug Land besaßen, die kleinen Bauern bedrängten, um sich auch deren Stückchen Acker anzueignen. Oder ich sah, wie ein kleiner Bauer seinen Sohn verkaufen musste, um die Pacht an den Großgrundbesitzer zu bezahlen.

M. V.: Habgier und Geiz gab es auch schon zu Ihrer Zeit in der Kirche.

Ambrosius: Ja, leider begannen einige Bischöfe, sich wie Fürsten zu fühlen: Kostbare Kleidung, üppige Gastmähler, Kutsche, Palast und Dienerschaft. Sie verstanden es, reiche Matronen zu bewegen, dafür Spenden zu geben.

Habgier und andere Begierden wohnen in uns, auch wenn wir gläubig geworden sind. Sie müssen täglich mit Christus sterben, damit Liebe, Barmherzigkeit, Geduld, Sanftmut, Wahrhaftigkeit und Keuschheit neu geweckt werden. Mit Christus sterben und auferstehen, nur so können wir Christen bleiben.

Christian H.: Sie verlegen ein soziales Problem, das politisch gelöst werden muss, in die Innerlichkeit. Der Satz aus dem Galaterbrief – ich habe ihn schon einmal zitiert – hätte die Kirche von Anfang an leiten müssen, er sagt den Christen: „Hier ist nicht Jude noch Grieche, hier ist nicht Sklave noch Freier, hier ist nicht Mann noch Frau; denn ihr seid allesamt eins in Christus." Vor Gott sind alle gleich. Dann darf es keine Sklaven und Sklavenbesitzer mehr geben!

Ambrosius: Gott hat uns zu seinem Ebenbild erschaffen. Schon deshalb haben alle Menschen, ob Mann oder Frau, ob arm oder reich, die gleiche Würde. Und wenn sie an Christus glauben und die Taufe empfangen, sind sie Gottes Kinder und miteinander Brüder und Schwestern. Das wurde stets in der Kirche verkündet.

Christian H.: Aber warum haben Sie dann nicht die Freilassung aller Sklaven gefordert?

Ambrosius: Es wäre oft eine Freiheit in Hunger und Obdachlosigkeit gewesen. Wenn der Besitzer einem Sklaven und seiner Familie gesagt hätte: „Ihr seid frei; ihr könnt gehen", wohin sollten sie gehen? Und wovon sollten sie sich ernähren? Den Christen haben wir gesagt: „Wenn Ihr Sklaven habt, dann achtet ihre Würde." Und die Sklaven haben wir ermahnt: „Arbeitet ehrlich und gewissenhaft. Das wird Euer Herr anerkennen."

M. V.: Es geschah auch immer wieder, dass ein Sklave gute Arbeit geleistet hatte und freigelassen wurde. Er diente dann oft seinem Herrn als Lohnempfänger weiter. Ein Beispiel dafür ist der Adelige Agricola und sein Sklave Vitalis. Sie, Herr Bischof, waren in Bologna dabei, als die Gebeine der beiden Märtyrer in ein Gotteshaus überführt wurden.

Ambrosius: Agricola war Christ. Zwischen ihm und seinem Sklaven Vitalis entstand ein Vertrauensverhältnis. Sie redeten nicht nur über die Arbeit, die getan werden musste. Es gab auch Gespräche über den Sinn des Lebens, über Schuld und Vergebung und wer Christus ist. Vitalis bekehrte sich und ließ sich taufen. Agricola schenkte ihm danach die Freiheit. Doch Vitalis blieb und arbeitete weiter bei ihm. Sie wurden Freunde. Dann kam die Verfolgung unter dem Kaiser Diokletian. Beide blieben dem Herrn treu, obwohl sie gefoltert wurden. Vitalis starb am Kreuz, und auch Agricola wurde hingerichtet. Nun liegen sie im Gotteshaus nebeneinander unter dem Altar.

Christian H.: Erbauliche Geschichten können das grundsätzliche Versagen der Kirche nicht entschuldigen. Sie hat das Unrecht der Sklaverei toleriert.

M. V.: Aber das wissen Sie schon, Herr Christian, dass der Impuls zur endgültigen Abschaffung der Sklaverei von gläubigen Christen ausging. William Wilberforce und seine Mitstreiter setzten im englischen Parlament ein Gesetz durch, das im Jahr 1807 den Sklavenhandel und 1834 das Halten von Sklaven verbot.

Christian H.: Viel zu spät war das!

M. V.: Aber immerhin hat der christliche Glaube diese Initiative bewirkt. In Europa und Amerika ist Sklaverei seitdem verboten. In Ländern, in denen das Christentum keinen Einfluss hat, gibt es immer noch Versklavung von Menschen und Sklavenarbeit.

Ambrosius: „Habgier ist eine Wurzel allen Übels." Aber Christus befreit uns aus der Knechtschaft der Sünde. Wo Menschen seine Botschaft angenommen und geglaubt haben, da wurden aus Sklaven und Herren Brüder.

Gebet und Heilung

M. V.: Herr Christian, evangelische Pfarrer genehmigen sich immer häufiger einen freien Sonntag. Sie passen sich damit der übrigen Arbeitswelt an, wo man sich ein „schönes Wochenende" wünscht. Wie verbringen Sie diese Tage?

Christian H.: Wir haben ein kleines Haus in den Bergen. Ich fahre mit Frau und Kindern dorthin, wenn das Wetter passt, einfach um auszuspannen und mehr Zeit für die Familie zu haben. Bei schlechtem Wetter bleiben wir zu Hause, schlafen länger, frühstücken gemütlich ohne die übliche Hetze, kochen gemeinsam und tun einmal das, was uns Spaß macht – lesen, Musik hören, spielen, miteinander reden. Einmal im Monat genießen wir das.

M. V.: Wer hält dann den Sonntagsgottesdienst?

Christian H.: Wir haben glücklicherweise Lektoren und Prädikanten, die den Dienst übernehmen. Auch unsere pensionierten Amtsbrüder freuen sich, wenn sie noch gebraucht werden.

M. V.: Und wenn sich niemand findet, der aushilft?

Christian H.: Dann fällt schon mal der Gottesdienst in einer Gemeinde aus. Aber die Leute, die eine Kirche besuchen wollen, können ja in den Nachbarort fahren oder den Gottesdienst im Radio oder Fernsehen einschalten.

Ambrosius: Am Sonntag muss der Hirte der Gemeinde bei seiner Herde sein. Denn er ist berufen worden, das Wort Gottes zu verkünden und die Eucharistie zu feiern. Am Tag des Herrn müssen Deine Füße am Predigtpult und am Altar stehen.

Christian H.: Und wann kann ein Pfarrer ausruhen, wie es im Sabbatgebot gesagt wird?

M. V.: Gibt es nicht den „freien Montag" für die Pfarrer?

Christian H.: Das erweist sich immer mehr als Illusion: Die Kinder müssen zur Schule und die Frau geht ihrem Beruf nach. Da ist schon früh am Morgen Stress. Und auch am Montag klingelt im Pfarramt das Telefon und die Sekretärin kommt und erledigt Schreibarbeiten. Beerdigungen fallen an, ebenso manche Besprechungen.

Ambrosius: Da ist der Zölibat doch die bessere Wahl für einen Pfarrer. Ich habe das immer gesagt. Freilich: Ehelosigkeit ist gegen die Natur; sie kann nicht durch Vorschriften erzwungen werden. Das muss jeder Pfarrer für sich entscheiden.

M. V.: In der Vergangenheit hat das evangelische Pfarrhaus segensreich gewirkt. Es war oft Vorbild und Mittelpunkt für die Gemeinde. Dazu half auch die Pfarrfrau, weil sie den Dienst ihres Mannes bejahte und mittrug. Sie war auch bei der Arbeit in der Gemeinde seine „Gehilfin", wie es am Anfang der Bibel heißt. Aber jetzt sieht man sie nur dann und wann im Gottesdienst und die Pfarrerskinder meist gar nicht. Wird das Hirtenamt des Herrn zu einem „Job" wie jede andere bezahlte Arbeit?

Christian H.: Da tun Sie uns Unrecht. Ohne eine bestimmte Überzeugung wird wohl niemand Pfarrer oder Pfarrerin. Im Lauf der Jahre kann sich das abschwächen oder verändern. Die Anforderungen werden immer mehr und das öffentliche Ansehen nimmt ab. Da bewegt schon manche der Kolleginnen und Kollegen der Gedanke: Nicht mehr lange, dann erreiche ich den Ruhestand.

M. V.: Aber es geht doch im Pfarrerberuf darum, Menschen für Christus zu gewinnen, damit sie gerettet werden!

Christian H.: Das Wort „retten" mache ich mir nicht zu eigen. So etwas sagen vielleicht noch einige Pietisten. Uns heutigen Pfarrern und Pfarrerinnen geht es darum, Menschen zu begleiten, Verständnis und Zuwendung zu erweisen, Mut zu machen. Viele von uns leiden darunter, dass dafür oft zu wenig Zeit bleibt. Wir sind oft mehr Manager, Organisatoren oder Verwalter als Seelsorger.

Ambrosius: Und wann betest Du? Wann spricht Gottes Wort zu Dir?

Christian H.: Auch das ist ein Problem. Ich versuche morgens beim Kaffeetrinken die Losungen zu lesen.

Ambrosius: Was meinst Du damit?

M. V.: In den Losungen stehen für jeden Tag ein Bibelvers aus dem Alten Testament und ein Vers aus dem Neuen, dazu ein Gebet oder eine Liedstrophe.

Christian H.: Früher soll sich in den Pfarrhäusern die ganze Familie zur Morgen– und zur Abendandacht versammelt haben. Da wurden auch gemeinsam Choräle gesungen. Aber das ist heutzutage unmöglich. Man bekommt die Familie nicht mehr zusammen. Jeder hat andere Termine. Als die Kinder klein waren, haben wir am Abend an ihrem Bett ein Gebet gesprochen und ein Lied gesungen. Jetzt versuche ich, wenigstens vor dem Einschlafen mit meiner Frau das Vaterunser zu beten.

Ambrosius: Wenn Du unter dem Mangel leidest, wirst Du danach trachten, mehr Zeit für den Herrn zu haben.

M. V.: Wenn ich Ihre Hymnen lese, Herr Bischof, merke ich, wie Sie versucht haben, den ganzen Tag in der Gegenwart Gottes zu leben. Das zeigt schon der berühmte Hymnus zum Hahnenschrei. Ihre erste Gebetszeit war vor Sonnenaufgang. Dann haben Sie einen Hymnus für den Morgen verfasst und einen für die dritte Stunde. Natürlich wurde auch zu Mittag gebetet. Dann gibt es einen Hymnus zur Vesperzeit. Vor dem Schlafengehen haben Sie noch einmal innegehalten. Sogar in der Nacht, wenn Sie wach lagen, fielen ihnen Psalmen ein.

Christian H.: Über so viel Zeit zu Andacht und Gebet verfügt ein Pfarrer von heute nie und nimmer. Ich könnte Ihnen mal meinen Terminkalender zeigen.

Ambrosius: Du darfst nicht denken, dass ich keine Termine hatte. Aber ich habe trotzdem versucht, jeden Tag durch Gottesdienst und Andacht zu heiligen. Der Apostel schreibt: „Betet ohne Unterlass." Wenn ich mit den Diakonen die Hilfe für Arme und Flüchtlinge organisierte, wenn ich den Unterricht für die Katechumenen hielt, wenn ich Kranke besuchte und Briefe schrieb oder einen Kirchenbau plante, erst recht wenn ich eine Predigt vorbereitete, wollte ich mit Gott im Gebet verbunden bleiben. Termine hatte ich genug. Übrigens gab es auch noch wöchentlich die „audientia episcopalis".

Christian H.: Was war das?

Ambrosius: Der Kaiser Konstantin hatte uns Bischöfen die Aufgabe übertragen, zivilrechtliche Streitigkeiten zu schlichten und zu lösen. Offensichtlich traute er uns mehr Gerechtigkeitssinn und menschliches Einfühlungsvermögen zu als seinen Beamten. Diese Pflicht kostete viel Zeit und Kraft. Oft war ich erschöpft und ausgelaugt. Aber ich machte die Erfahrung, dass ich das alles bewältige, wenn ich mir die Kraft und Weisheit vom Herrn schenken lasse. Gerade dieses Vielerlei an Geschäften war der Grund, dass ich immer wieder in die Stille ging, um Gott zu suchen.

M. V.: Haben Sie die Heilige Schrift auch gelesen, wenn Sie keine Predigt vorzubereiten hatten?

Ambrosius: Wenn Du mit dem Herrn verbunden bleiben willst, brauchst Du das Gespräch mit ihm. Das geschieht, wenn Du die Stille suchst, um sein heiliges Wort zu lesen, wenn Dein Verstand und Dein Herz hört, was er Dir sagen will. Wir werden ja immer wieder angefochten von Sorgen, Ängsten und Begierden; wir werden unsicher, geraten in Zweifel und lassen uns verführen – das sage ich auch von mir. Aber wenn wir uns dem Wort Gottes öffnen, dann erleben wir, wie eine Kraft in uns strömt, wir empfangen Trost, Halt, Zuversicht und Vergebung. Ohne diese immer neue Zuwendung zu ihm kannst Du nicht Christ bleiben.

M. V.: Ich fürchte, dass es da bei uns ein Defizit gibt. Die meisten Christen und auch viele Pfarrer finden dafür keine Zeit. Wie sehen Sie das, Herr Christian?

Christian H.: Ich gestehe, dass ich eigentlich nur dann die Bibel aufschlage, wenn ich eine Predigt oder eine Ansprache vorbereiten muss. Und da geht es um die Frage: Was kann ich den Zuhörern sagen? Oft tue ich mir damit schwer. In der Bibel steht etwas Anderes, als was ich den Menschen sagen möchte. Der alte Text passt nicht in unsere Zeit. Dann suche mir einen Text, der verständlicher ist. Es besteht ja immer noch die Erwartung in unserer Kirche, dass über Bibeltexte gepredigt werden soll.

Ambrosius: Meinst Du, dass das, was Du den Menschen sagen möchtest, wichtiger ist als das, was Gott uns sagt? Die Heilige Schrift wird Dich nur dann im Glauben bestärken und in die Wahrheit leiten, wenn Du ihr in Demut begegnest, so wie es die Menschen Gottes getan haben: „Hier bin ich, Herr, rede Du." Oder wie der Psalmist bittet: „Heilige mich, Herr, in Deiner Wahrheit. Dein Wort ist die Wahrheit." Als sie mich zum Bischof wählten, war ich ein Lernender. Ich gewöhnte mir an, betend Gottes Wort zu lesen, etwa mit den Worten: „Herr, öffne mir den Verstand und das Herz für das, was Du mir sagen willst, und vergib mir die Sünden, die mich von Dir trennen."

M. V.: Ich befürchte, dass die moderne Bibelauslegung mit einem solchen Hochmut an den Text der Heiligen Schrift herangeht, dass die Kraft und der Trost Gottes nicht mehr erfahren werden. Der Heilige Geist verstummt, wenn wir seinem Wort vorschreiben wollen, was gilt und was nicht gilt.

Christian H.: Wir können doch nicht alles kritiklos annehmen, was in der Bibel steht. Viele Aussagen sind zeitbedingt. Sie wurden von Menschen geschrieben, die an Gott geglaubt haben, aber doch gefangen waren in den Vorstellungen ihrer Zeit. Die Erkenntnisse der

Menschheit haben sich weiterentwickelt. Deshalb ist die Kritik beim Bibelstudium die Voraussetzung, um den Menschen unserer Zeit etwas sagen zu können.

Ambrosius: In der Heiligen Schrift begegnet uns Christus. Er ist der Herr, wir sind seine Schüler. Wir können ihn fragen, wenn wir etwas nicht verstehen, und er wird antworten. Aber er fordert Glauben und Gehorsam. Wenn wir dazu bereit sind, werden wir die Wahrheit erkennen. Das bedeutet: Wir werden ihn erkennen. Erinnerst Du Dich an Thomas? Als er ihn nach seiner Auferstehung erkannte, fiel er auf die Knie und betete ihn an und sprach: „Mein Herr und mein Gott." Erkennen Gottes ist nicht nur Wissen, Verstehen, sondern immer auch Anbetung. Das muss die Predigt der Gemeinde vermitteln, dass sie Christus begegnet. Ohne Christus ist unser Reden kraftlos und weckt keinen Glauben.

Christian H.: Ich denke nicht, dass Christus in jeder Predigt vorkommen muss.

Ambrosius: Christus bringt uns Gottes Gegenwart. Durch die Worte der Heiligen Schrift und in den Sakramenten kommt er zu uns, kommt Gott zu uns. Ohne Christus bleibst Du draußen vor der Tür des Vaterhauses, obdachlos auf der Straße.

M. V.: Wie wichtig ist es beim Lesen der Bibel, dass wir umkehren und Buße tun?

Ambrosius: Das ist immer wieder nötig; denn wir sind nicht so, wie Gott uns gedacht hat, als er uns schuf. Wir haben nur Gemeinschaft mit ihm, wenn wir Sünde bekennen und um Vergebung bitten. Und wir Prediger können nur dann die Gemeindeglieder zur Buße rufen, wenn wir vorher selber Buße getan haben.

M. V.: Stimmt der Satz: Du kannst als Seelsorger Menschen nur bis dahin führen, wo du selber stehst?

Ambrosius: Zumindest sollen Bischöfe und Priester für die Gemeinde ein Vorbild sein. Wenn sie die Ehe brechen, Geld stehlen oder wenn sie das nicht glauben, was sie predigen, irritiert das einen suchenden Menschen.

M. V.: Ist dann ihr Dienst wirkungslos, wenn sie Taufe, Absolution und Abendmahl spenden?

Ambrosius: Das haben Sekten zu meiner Zeit behauptet, nämlich dass eine Taufe nur dann gültig ist, wenn sie von einem gläubigen Priester gespendet wurde. Aber niemand außer Gott blickt in unser Herz. Deshalb ist es in der Kirche so, dass die Vollmacht durch die Ordination gegeben wird, nicht durch die Heiligkeit des Pfarrers. Dennoch ist es für das Leben und die Glaubwürdigkeit der Kirche ganz wichtig, dass sie Diener und Dienerinnen hat, die das leben, was das Evangelium sagt.

M. V.: Und das geschieht durch Gebet und Gehorsam.

Ambrosius: Ja, durch Gebet, Buße und Heiligung.

Religion ohne Gott?

M. V.: Herr Bischof, gab es eigentlich zu Ihrer Zeit auch Philosophen und Theologen, die die Existenz Gottes leugneten?

Ambrosius: Theologen, die Gott verneinen – das ist ein Widerspruch in sich selbst, undenkbar! Aber manche Philosophen vertraten diese Meinung. Das kam vielleicht auch daher, dass der berühmteste Dichter Griechenlands, Homer, die Götter wie Menschen schildert – mit Neid, Streit und allen möglichen Lastern. Da sagten einige Philosophen: „Das sind erfundene Geschichten. Götter gibt es nicht." Später äußerte auch der berühmte Sokrates, er habe über die Götter keine Erkenntnis. Deshalb wurde er in Athen wegen Gottlosigkeit verurteilt. Sein Schüler Platon aber lehrte die Existenz einer geistigen Welt. Die irdischen Dinge seien Abbilder und Schatten von „Ideen" – von Idealbildern im Himmel. Diese geistigen Wesen seien die eigentliche Wirklichkeit. Man könne sie auch „Götter" nennen. Platon erkannte also, dass die Welt ein Gegenüber hat – überirdische Mächte, Götter, die in unsere Welt hineinwirken, von denen alles Irdische Gestalt und Sein empfängt. Sie sind auch für uns Menschen wichtig. Denn wir können nur gut sein und sittlich handeln, wenn wir uns der geistigen Welt öffnen. Der Atheismus war nach dem Urteil Platons unmoralisch und gefährlich. Er forderte sogar, man müsse Gottesleugner bestrafen. Die Theologen vor mir und auch ich, wir haben die Schriften Platons und die seiner Schüler studiert und manche Gedanken übernommen. Denn sie bestärkten uns in der Annahme, dass eine geistige Wirklichkeit außerhalb und über unserer vergänglichen Welt existiert. Freilich wurde mir im Lauf der Jahre die Heilige Schrift immer wertvoller. Sie bezeugt den wahren Gott.

Christian H.: Mir ist Sokrates sympathisch, wenn er sagt, über die Götter könne man nichts wissen. Bekanntlich hat auch Immanuel Kant die sogenannten „Gottesbeweise" abgelehnt. Er war zwar kein Atheist. Aber er verneinte die Möglichkeit, die Existenz Gottes durch logisches Denken oder empirische Erfahrung nachzuweisen.

M. V.: Gott hat sich geoffenbart. Davon spricht sowohl das Alte wie das Neue Testament. Und immer wieder bis heute erfahren Menschen seine Anrede und seine Gegenwart.

Christian H.: Sicher gibt es solche Erfahrungen. Gott ereignet sich im Menschen: Wenn dieser Mensch gläubig wird, sein Leben ändert, Liebe übt, Vergebung erfährt, dann erlebt er Gott. Doch Gott ist nichts Jenseitiges, kein „Allmächtiger", der in diese Welt hinein regiert und Gutes oder Böses bewirkt.

M. V.: Für Sie gibt es nur das Diesseits? Eine Welt ohne Gott als Gegenüber? Sie glauben nicht, dass er alles geschaffen hat, dass er die Welt lenkt und ihr Ende bestimmt, dass er noch ist, wenn es diese Welt nicht mehr gibt?

Christian H.: Ja, es existiert nur diese *eine* Wirklichkeit.

M. V.: Aber das Weltall hat doch einen Anfang – wer hat den gesetzt? Und wie ist aus toter Materie alles Weitere entstanden – Pflanzen, Tiere und schließlich der Mensch? Da muss man doch eine Kraft annehmen, die das angestoßen und weiterentwickelt hat, und eine Vernunft, durch die alles sinnvoll geordnet wurde.

Christian H.: Sie glauben doch auch nicht, dass Gott aus einem Lehmklumpen den Körper Adams geformt und ihm dann seinen Atem eingehaucht hat. Also: Es hat sich alles nach den Gesetzen der Evolution in Milliarden Jahren so entwickelt, wie wir es jetzt sehen.

M. V.: Für Sie gibt es nur diese *eine* materielle Wirklichkeit: keinen Schöpfer des Weltalls, keinen Gott, der sich offenbart, der in Jesus Mensch wurde und durch die Auferstehung Sünde und Tod besiegte, und der die Welt vollenden wird – dieser Gott, der existiert für Sie nicht? Ich merke, ich wiederhole mich. Aber als einer, der gläubig geworden ist und die Bibel liest, bin ich bei Ihrer Meinung etwas sprachlos.

Christian H.: Die Naturwissenschaften haben uns gezeigt, dass alles nach bestimmten Gesetzen abläuft, das Neue entfaltet sich aus dem Vorherigen. Da ist kein Platz für einen außerirdischen Gott.

M. V.: Wenn alles abläuft, ohne dass jemand eingreifen muss, wie bei einem Uhrwerk – dann müsste doch wenigstens Einer dagewesen sein, der das Uhrwerk aufgezogen hat, damit es läuft.

Christian H.: Das haben früher die sogenannten Deisten gelehrt: Ein Gott gab den Anstoß. Und dann geht es von selbst weiter. Doch diese Annahme endet in einer Aporie, in einem Widerspruch, der nicht aufzulösen ist.

M. V.: Was meinen Sie damit?

Christian H.: Das christliche Dogma behauptet: Gott ist allmächtig. Ja?

M. V.: Ja, Gott ist allmächtig.

Christian H.: Und dann behauptet die traditionelle Lehre von Gott: Er ist gütig, barmherzig; er ist Liebe. Stimmt doch?

M. V.: Ja.

Christian H.: Jetzt blicken wir mal auf die reale Welt. Was sehen wir da? Wir sehen Leid, Not, Unrecht, Grausamkeit, Sterben. Sinnloses Sterben! Wenn Gott gütig und allmächtig ist, warum lässt er all das zu? Ja, warum macht er das?

Ambrosius: Die bösen Dinge, die Du aufzählst, die gab es auch in meiner Zeit. Aber das hat uns nicht dazu gebracht, dass wir uns gegen Gott empören. Wir haben uns vor ihm gebeugt, wir haben den Heiligen angebetet. Denn er ist wirklich „jenseitig": Unsere Worte und Begriffe können ihn nicht fassen. Wir dürfen nicht fordern: „Gott muss so und so sein, sonst glauben wir nicht an ihn." Das ist der satanische Aufstand, und dagegen kämpften St. Michael und die Engel, und sie siegten. Du wirst auch scheitern, wenn Du Gott abschaffen willst.

Christian H.: Kann man nach Auschwitz noch an einen gütigen und allmächtigen Gott glauben?

Ambrosius: Was ist Auschwitz?

Christian H.: Sagen Sie's dem Herrn Bischof.

M. V.: Auschwitz war ein Gefangenenlager, wo viele unschuldige Menschen grausam ermordet wurden. Man spricht von Millionen.

Ambrosius: Ihr erwartet aber jetzt keine Erklärung und Verteidigung. Es geschieht in der Welt vieles, wo wir keine Antwort finden, wo wir schweigen, trauern und uns beugen müssen. Natürlich offenbaren diejenigen, die solche Verbrechen begehen, was in ihnen steckt. Man wird sie nicht mehr als gut oder gerecht ansehen. Und der Herr macht dadurch auch offenbar, dass in der Welt böse Mächte am Werk sind. Umso mehr fliehen wir zu ihm, der seine Liebe geoffenbart hat. Wenn Du sagst: Nach Auschwitz können wir nicht an einen gütigen und gerechten Gott glauben, wir werden Atheisten, dann ist genau das Gegenteil richtig: Weil so viel Böses geschieht, müssen wir uns an den halten, der in Jesus Christus Liebe und Erbarmen in die Welt bringt.

Christian H.: Ihrem Hinweis auf Jesus stimme ich zu. Er hat vorgelebt, wie die Welt menschlicher werden kann. Er ist zu den Ausgestoßenen gegangen. Er stand auf der Seite der Armen und Schwachen. Er verurteilte Heuchelei, Habgier und Unterdrückung. Er predigte und lebte, was wir Nächstenliebe nennen. Er schenkte Frieden durch Vergebung. Dieser Jesus ist ein Vorbild, und deshalb bin ich Christ. Einen jenseitigen allmächtigen Gott, der die Welt mit all ihrer Ungerechtigkeit lenken soll, halte ich nicht für notwendig, ja für peinlich. Und man kann sowieso nicht beweisen, dass es ihn gibt.

M. V.: Würden Sie sich einen „christlichen Atheisten" nennen?

Christian H.: Ja, wenn Sie so wollen. Allerdings finde ich die einfache Bezeichnung „Christ" zutreffender. Die Botschaft und das Vorbild von Jesus Christus sind mir wichtig.

M. V.: Sie wissen aber schon, was Luther zum Ersten Gebot sagt? „Woran du dein Herz hängst und worauf du dich verlässt, das ist eigentlich dein Gott." Das bedeutet: Die Stelle Gottes in unserem Leben bleibt nicht unbesetzt. Wer den wirklichen Gott, der sich durch Jesus Christus geoffenbart hat, wer den wahren Gott beiseite schiebt, der hängt sein Herz an einen Ersatzgott. Die Kommunisten sangen: „Die Partei, die Partei, die hat immer Recht …" Sie glaubten an Lenin, Stalin, Mao und an andere Verbrecher. Für die Nazis war Hitler der unfehlbare und unbesiegbare „Gott". Sie schrien „Heil Hitler!" und „Führer, befiehl, wir folgen dir!" Und unsere Zeitgenossen jubeln hysterisch den fragwürdigen Gestalten aus dem Schaugeschäft zu … Naja, Geld, Sex, Einfluss und Ruhm sind auch eine Macht, von der Menschen umgetrieben und beherrscht werden. Wir Menschen sind „unheilbar religiös", das heißt, wir müssen und wollen uns an etwas binden, das Sinn und Halt verspricht, und sei es die Fußballmannschaft, der viele Fans ihre Zeit, ihr Geld und ihren Jubel als „Opfergabe" darbringen.

Christian H.: Sie vergessen, dass es im Namen Gottes immer wieder Unterdrückung, Verfolgung und Mord gegeben hat, in jüngster Zeit den Terror im Namen des Islam. Deshalb meinen manche Atheisten, der Glaube an Gott sei nicht nur überflüssig, sondern gefährlich und schädlich. Sie möchten deshalb jede Religion abschaffen.

M. V.: Diese Atheisten klammern (aus Unwissenheit oder bewusst) die Geschichte des 20. Jahrhunderts aus. Diese Zeit wurde vor allem von Kommunisten und Hitleranhängern geprägt. Und die haben Verbrechen begangen, wie es sie in dieser Dimension noch nicht gegeben hat. Leid, Not, Zerstörung, millionenfache Morde gehen auf ihr Konto. Den Glauben an Gott bekämpften sie; die Kirche wollten sie beseitigen. Deshalb sollte man nicht davon schwafeln, dass das Leben auf der Welt ohne Religion humaner werden könnte.

Ambrosius: „Das Dichten und Trachten des menschlichen Herzens ist böse von Jugend an." Das sagt die Heilige Schrift. Uns treibt die Selbstsucht um, auch andere böse Begierden. Allein können wir dem nicht widerstehen. Deshalb ist Gott unsere Zuflucht. Er zeigt uns, was gut und was schlecht ist. Er vergibt uns, wenn wir gesündigt haben. Und er schenkt uns die Kraft, neu anzufangen. Der Apostel schreibt: „Das Gute, das ich will, das tue ich nicht; sondern das Böse, das ich nicht will, das tue ich." Paulus hat den Menschen gesehen, wie er wirklich ist: leicht zu verführen, für das Böse anfällig und dann leider oft unwahrhaftig gegen sich selber. Das sage ich den Atheisten, die meinen, es ginge besser ohne Religion. Sie machen sich Illusionen über den Menschen. Wir brauchen die Hilfe von außen, von Gott, damit uns das Böse nicht überwältigt. Gottlosigkeit verbessert das Leben nicht, Gottlosigkeit zerstört das Leben.

M. V.: Christian, denken Sie bei der Frage nach Gott auch noch an Folgendes: Der Mensch ist für eine Ich–Du–Beziehung geschaffen. Wir brauchen das Du, um uns als Ich zu erfahren. Wir brauchen das Gegenüber, seine Liebe, seine Kritik, um uns zu erkennen, um zu reifen, um Glück zu erleben. Dieses Ich kann sich nicht aus der Materie, „von selbst" und „zufällig" entwickeln. Es war schon ein Du vorhanden, damit ein Mensch „Ich" sagen konnte. Er wurde „Ich" in der Begegnung mit dem Ich Gottes. Nicht irgendwelche körperlichen Merkmale machen uns zu Menschen, sondern das Ich–Bewusstsein, das Wissen um ein Sein–Sollen, die Ahnung von Gott. Er aber braucht uns Menschen nicht, um „Ich" zu sein. Als der Dreieinige ist Er Ich und Du in sich selbst. Christian, es gibt eine Wirklichkeit über dieser geschaffenen Welt. Und diese jenseitige Macht wirkt immer wieder in unser Dasein hinein. Deshalb glaube ich an eine Offenbarung und an Wunder, ich glaube an die Menschwerdung Gottes in Jesus und an seine Auferstehung.

Christian: Das klingt mir jetzt alles zu massiv. Aber vielleicht gibt es die andere Wirklichkeit doch.

Ambrosius: Du erfährst sie, wenn Du umkehrst und dem Herrn nachfolgst. Vertraue ihm, wenn Du betest, gehorche seinem Wort. Dann verspürst Du den Hauch des Ewigen.

Personenregister

Personenregister

Personenregister

Ortsregister

Begriffe

Begriffe

Begriffe

Begriffe

ISBN 978-3-7450-7647-9

www.epubli.de